这里是辽宁

This is Liaoning

文体旅丛书

山海有情 天辽地宁

非遗

开忠华 ◎ 著

春风文艺出版社
·沈阳·

图书在版编目（CIP）数据

非遗 / 尹忠华著. — 沈阳：春风文艺出版社，
2025.2
（"山海有情 天辽地宁"文体旅丛书）
ISBN 978 - 7 - 5313 - 6637 - 9

Ⅰ. ①非⋯ Ⅱ. ①尹⋯ Ⅲ. ①非物质文化遗产 — 介绍
— 辽宁 Ⅳ. ①G127.231

中国国家版本馆CIP数据核字（2024）第018979号

春风文艺出版社出版发行

沈阳市和平区十一纬路25号　邮编：110003
辽宁新华印务有限公司印刷

责任编辑：周珊伊		责任校对：张华伟
封面设计：黄　宇		幅面尺寸：138mm × 207mm
字　　数：198千字		印　　张：8
版　　次：2025年2月第1版		印　　次：2025年2月第1次
书　　号：ISBN 978-7-5313-6637-9			
定　　价：60.00元			

无尽的人地关系（代序）

近代地理学奠基人亚历山大·冯·洪堡认为，人是地球这个自然统一体的一部分。此观点随即让"人地关系"成为一个科学论题，也教给我们认识世界的方法。首先看地理，知吾所在；然后看人文，知吾是谁。

打开中国地图，或背负青天朝下看，东北有三省，辽宁距中原最近。南濒蔚蓝大海，北接东北平原，东有千山逶迤，西有医巫闾苍然，境内更兼辽、浑、太三河纵横。语曰：山川能说，可以为大夫。如此天辽地宁者，大夫不说，则愧对大自然所赐。

一方水土，藏一方文化。

看辽宁文化，需要回望1.2亿至2亿年前的辽西。深埋地下的热河生物群，几乎囊括了中生代向新生代过渡的所有生物门类。我们正是在那些化石上，看到了第一只鸟飞起的姿态，看到了第一朵花盛开的样子，看到了正在游动的狼鳍鱼瞬间定格之美。也正因为如此，辽西成为20世纪全球最重要的古生物发现地之一，被誉为世界级化石宝库。看辽宁文化，更要回望古代先民在辽宁现身时那一道道照亮天穹的光。28万年前的金牛山人，25万年前的庙后山人，7万年前的鸽子洞人，1.7万年前的古龙山人，7000年前的新乐人和小珠山人，绳绳不绝，你追我赶，从旧石器时代走到新石器时代。当然，他们都只是演出前的垫场，千呼万唤中，大幕拉开，真正的主角是红山人。在辽西牛河梁上，我们看见了5000年前的女神庙和积石冢，还有那座巨大的祭坛。众流之汇海，万壑之朝宗，职方所掌，朗若列眉，从那一天开始，潺潺千古的大辽河便以中华文明三源之一，镌刻于历史之碑。

一方水土，写一方历史。

其一，辽宁在中原与草原之间，写中国边疆史，辽宁占重要一席。东北土著有东胡、濊貊、肃慎三大族系。东胡族系以游牧为生，慕容鲜卑让朝阳成为三燕古都，契丹把长城修到辽东半岛蜂腰处，蒙古大将木华黎则让辽宁乃至整个辽东成为自己的封地。濊貊族系以农业为生，前有扶余，后有高句丽，从东周到隋唐，各领风骚700年，一座五女山城，更是让居后者高句丽在辽东刷足了存在感。肃慎族系以渔猎为生，从黑水到白山，从生女真到熟女真，渤海将辽东山地大部划入其境，女真通过海上之盟与宋联手灭辽，然后把辽宁当成入主中原的跳板，满族则以赫图阿拉、关外三陵和沈阳故宫，宣布辽宁为祖宗发祥之地。其二，汉以前，中原文化对东北有两次重量级输入，一次是箕子东迁，一次是燕国东扩。汉以后，灭卫氏朝鲜设四郡，灭高句丽设安东都护府，中原大军总是水路与陆路并进，辽宁始终站在一条历史的过道上，要么看楼船将军来征讨，要么看忽报呼韩来纳款，坐看夷地成中华，阅尽沉浮与兴衰。其三，近代史从海上开始，渤海海峡被英国人称为东方的直布罗陀，旅顺口则被英国人改叫亚瑟港，牛庄和大连湾更是先后变成英俄两国开埠的商港，震惊中外的甲午战争、日俄战争、九一八事变，让辽宁成为举世瞩目的焦点，于是，在辽宁就有了东北抗联，就有了《义勇军进行曲》，就有了辽沈战役，就有了抗美援朝保家卫国。历史一页页翻过，页页惊心动魄。

一方水土，生一方物产。

最天然者，一谓矿藏，二谓鱼盐。那些被电光石火熔化挤扁的物质沉睡地层亿万年，它们见过侏罗纪恐龙如何成为巨无霸，见过白垩纪小行星怎样撞击地球，也见过喜马拉雅运动和第四纪冰河。千淘万漉虽辛苦，吹尽狂沙始到金。于是，我们看到了，辽东有岫玉，辽西有玛瑙，抚顺有煤精，鞍山有铁石，盘锦虽是南大荒，地上有芦苇，地下有油田。更何况，北纬39度是一个寒暑交错的纬度，也是一个富裕而神秘的黄金纬度，在这个纬度上有诸多世界名城，它们是北京、纽约、罗马、波尔多、马德里，当然还有大连和丹东；在这个纬度上，有美丽而神奇的自然风景，它们是塔克拉玛干沙漠、库布其沙漠、青海湖、日本海、里海、地中海、爱琴海，当然还有环绕辽东半岛的渤海和黄海。公元前300年的"辽东之煮"，曾助燕一举登上战国七雄榜，而距今3000年前的以盐渍鱼现场，在大连湾北岸的大嘴子。迄至近世，更有貔子窝和复州湾走上前台，令大连海盐成为国家地理标志性产品。而大连海参，就是冠绝大江南北的辽参；大连鲍鱼，就是摆在尼克松访华国宴上的那道硬菜；丹东大黄蚬、庄河杂色蛤，则是黄海岸亚洲最大蚬子库的一个缩影。此外，还有营口海蜇、营口对虾、盘锦河蟹。辽河与辽东湾，你中有我，我中有你，方有奥秘杰作。最生态者，一谓瓜果，二谓枣栗。大连苹果、大连樱桃、桓仁山参、东港草莓、丹东板栗、黑山花生、朝阳大枣和小米、绥中白梨和鞍山南果梨，还有铁岭榛子、北票荆条蜜、抚顺哈什蚂、清原马鹿茸……物之丰，产之饶，盖因幅员之广袤，蕴含之宏富，土地之吐哺，人民之勤勉。

一方水土，养一方风俗。

古人日：千里不同风，百里不同俗。古人又日：历世相沿谓之风，群居相染谓之俗。古代辽宁，在农耕文明与游牧文明交互地带；近现代辽宁，在东方文明与西方文明对接地带。于是，土著文化、移民文化、外来文化在大混血之后，走向了融合与多元。于是，这个文化以其边缘性、异质性、冒险性，既穿行于民间，也流布于市井。在时光中沉淀过后，变成了锅灶上的美食，变成了村头巷尾的戏台，变成了手艺人的绝活儿，变成了过年过节的礼仪和讲究。最有辨识度的辽宁美食，在沈阳有满汉全席、老边饺子、马家烧麦、苏家屯大冷面；在大连有海味全家福、海菜包子、炸虾片、炒焖子；在鞍山有海城馅饼、台安炖大鹅；在抚顺有满族八碟八碗；在本溪有蝲蛄豆腐；在丹东有炒米檲子；在锦州有沟帮子熏鸡；在阜新有彰武手把羊肉。最具代表性的民间艺术，在沈阳有辽宁鼓乐、沈阳评剧、东北大鼓；在大连有复州皮影戏、长海号子、金州龙舞；在鞍山有海城高跷、岫岩玉雕；在抚顺有煤精雕刻、地秧歌；在本溪有桓仁盘炕技艺；在锦州有辽西太平鼓；在盘锦有古渔雁民间故事。最原真的民族风情，以满族、蒙古族、回族、朝鲜族、锡伯族为序，在辽宁有五个系列。若要下场体验，可以去看抚顺新宾满族老街、本溪同江峪满族风情街；可以去看阜新蒙古贞庄园、北票尹湛纳希纪念馆；可以去看沈阳西关回族美食街；可以去看沈阳西塔朝鲜族风情街、铁岭辽北朝鲜族民俗街；可以去看沈阳锡伯族家庙、锡伯族博物馆。民俗之复兴，是本土文化觉醒的重要标志，风情之淳朴，是本土文明的真正升华。

一方水土，扬一方威名。

近代世界，海陆交通，舟车四达，虽长途万里，须臾可至。当代世界，地球是平的，都会名城，同属一村，经济文化，共存一炉。辽宁是工业大省，前有近代工业遗产，后创当代工业传奇，写中国工业编年史，辽宁是不可或缺的重要一章。尤其是当代，辽宁既是名副其实的共和国长子，也是领跑共和国工业的火车头。沈阳铁西区，已经成为"露天的中国工业博物馆"。旅顺大坞、中船重工、大连港、大机车，已经以"辽宁舰"为新的起点，让现在告诉未来。鞍山钢铁厂、抚顺西露天矿、本溪湖煤铁公司、营口造纸厂、阜新煤炭工业遗产群，则用会当水击三千里的底气，托起辽宁工业腾飞的翅膀。辽宁是文博大省，行旅之游览，风人之歌咏，必以文化加持，而最好的载体，就是深沉持重的文博机构。辽宁在关外，文化积淀虽比不上周秦汉唐之西安，比不上六朝古都之南京，比不上金元明清之北京，却因地域之独特，而拥有不一样的出土，不一样的珍藏。而所有的不一样，都展陈在历史的橱窗里。既然不能以舌代笔，亦不能以笔代物，那就去博物馆吧。文物是历史的活化石，正因为有辽宁省博物馆、辽宁古生物博物馆、大连自然博物馆、旅顺博物馆、朝阳博物馆以及朝阳鸟化石国家地质公园等等，辽宁人确切地知道自己是谁，究竟从哪里来，因而对这方土地保持了永远的敬畏与敬意。辽宁也是体育大省，因为有四季分明的北方阳光，因为有籽粒饱满的北方米麦，也因为具备放达乐观的北方性格，辽宁人的运动天赋几乎是与生俱来。所以，田径场上，就跑出了"东方神鹿"王军霞；足球场上，就踢出了神话般的辽宁队、大连队；奥运会上，更有14个项目获得过冠军。最吸睛的，当然是足、篮、排三大球，虽然没有走向世界，但在中国赛场上，只要辽宁队亮相，就会满场嗨翻。看辽宁人的血性，辽宁人的信仰，就去比赛场上看辽宁队。

当今中国，旅游经济已经走过三个时代，这三个时代分别是观光时代、休闲时代、大旅游时代。观光时代，以旅行社、饭店、景区为主，最多逛逛商业街，买买纪念品，完成的只是到此一游。休闲时代，以行、游、住、食、购、娱为主，于是催生了"印象系列""千古情系列""山水经典"系列，也只不过多了几个卖点。如今已是大旅游时代，特点是旅游资源无限制，旅游行为无框架，旅游体验无穷尽，旅游消费无止境。就是说，考验一个地方有没有文化实力的时候到了，所谓大旅游时代，就是要把一个资源，变成一个故事，一个世界，一个异境，然后让旅游者蜂拥而至，让这个资源成为永动机，让情景地成为去了再去、屡见屡鲜的经典。

正因为如此，有了这套"山海有情 天辽地宁"文体旅丛书，梳理辽宁文体旅谱系，整合山水人文资源，献给这个方兴未艾的大旅游时代。

素 素

2025年1月于大连

目录

沈阳东北大鼓　说唱百年风骨 1

走近沈阳北市摔跤　感受传统体育的力与美 6

梨园春色今如许　再看评剧"韩、花、筱" 14

闯海人的劳动协奏曲 22

吉祥剪纸的文化之美 30

桃核微雕里的大千世界 38

金州城内龙舞欢腾 47

海城高跷：踩在木棍上的东方芭蕾 53

唱响传统地方戏
——海城喇叭戏 58

海城苏氏正骨：技精艺进传三代，杏林飘香百余年 65

精雕细琢岫岩玉 71

满族人家的"纳花绣朵" 78

"评书之乡"说评书 84

琥珀雕刻：穿越千年的技艺对话 92

煤精雕刻：从矿产资源到文化名片 99

辽东山区的烂漫之花 106

紫霞堂里说制砚 112

社火"武"技炫舞新春 118

百年铿锵　丹东鼓乐 125

少北拳：触手可及的武侠梦 132

当空舞彩练　人偶不了情 137

千锤百炼软锡成大器 147

剪下风云　纸上苍生 154

老城盖州　老戏皮影 161

技精艺湛玛瑙雕 168

乐动民间三百年 177

黑土地上的快乐良药 183

沧海寻根雁归来 190

月光灯影里的不老记忆 197

辽西朱碌科的"黄河阵" 203

辽西朝阳闹社火 211

民族民间音乐的深沉长者 216

太平鼓　舞太平 223

白山黑水间的"讲古"之风 230

沈阳东北大鼓　说唱百年风骨

东北大鼓产生于民间，其表述内容多样化，富有浓郁关东气息，具备鲜明的地域特色，东北民众听之熟悉、觉之亲切。如今历尽沧桑，辉煌百年的东北大鼓，已成为东北文化的重要组成部分。2006年，沈阳东北大鼓入选第一批国家级非物质文化遗产名录。

源于沈阳，流传广远

清顺治十四年（1657）裁辽阳府，在盛京（今沈阳）设奉天府，成为东北地区的政治、经济、文化中心。乾隆年间，民间艺人在东北民歌、东北小曲小调的基础上，演化出一种新的说唱形式，以地域命名，称"奉天大鼓"或"奉派大鼓""奉调大鼓"。此曲种一经问世，很快在东北地区广泛流传，逐渐实现了跨地域的传播，成为中国北方重要曲种。至嘉庆、道光年间，"奉天大鼓"已成为"东北大鼓"。

清朝末年至民国初年，东北大鼓逐渐形成了五大流派：以发祥地沈阳为中心的"奉调"，以吉林为中心的"东城调"，以哈尔滨为中心、流传于松花江以北地区的"江北派"，以营口为中心的"南城调"和以锦州为中心的"西城调"。

其实，业内一直流传着东北大鼓的两种起源说：一是乾隆年间北京弦子书艺人黄辅臣来沈阳献艺，吸收了当地民歌小调演变而成的。二是原为辽西的"屯大鼓"，道光、咸丰年间，有些艺人进城献艺，后发展为奉天大鼓。清同治十二年（1873），刘世英在《陪都纪略》中说，"讲通套、说得妙、大鼓书、梅花调、漫西城、拔高帽、鼓皮紧、使劲造"，这是东北大鼓当时普及的真实写照。1906年沈阳《盛京时报》开始用"奉天大鼓"或"奉天鼓书"之名，1929年奉天省改名辽宁省时，又改称"辽宁大鼓"。1945年抗战胜利，东北光复后，通称为"东北大鼓"（辽宁省仍一度称其为"辽宁大鼓"）。

书目繁多，段段出彩

东北大鼓形成之初，表现内容多为黄牛白马、春种秋收，通俗易懂，深受民间人士喜爱，尤其是在农村，有着广泛的市场。至道光、咸丰年间，关东文人韩小窗、罗松窗、鹤侣、竹轩等加入东北大鼓的艺术创作，创作了诸如《忆真妃》《露泪缘》等大批子弟书，语言文雅，内涵深刻，从而使东北大鼓登入高堂，活动于官府、贵宅之间。东北大鼓起源于民间，又有艺人加工、文人相助，是"三结合"创作的产物，具有雅俗共赏的大众性特点。

东北大鼓的短段有200个左右（今存150多个），分为子弟书段、三国段、草段（通俗唱词）三类。子弟书段有《孟姜女寻夫》《糜氏托孤》《望儿楼》《樊金定骂城》《忆真妃》等，是清代子弟书作家韩小窗、喜晓峰、缪东麟等人的佳作。三国段有《鞭打督邮》《虎牢关》《凤仪亭》《白马坡》《草船借箭》等，几乎包括了《三国演义》中的主要故事。草段有《排王赞》《俞伯牙摔琴》《紫罗袍》

东北大鼓国家级代表性传承人霍大顺

《打登州》等，多取材于演义小说、民间传说、京剧剧目，也有少数知识段、文字游戏段。

东北大鼓的中长篇书约有40部，其中袍带书（讲史书）有《马潜龙走国》《大隋唐》《杨家将》《呼家将》等；花袍带（以女将为主，有小将招亲、神怪斗法等情节的书）有《三请樊梨花》《天门阵》等；短打书（公案侠义书）有《包公案》《水浒传》《小八义》《大明五义》等；神怪书（只有少数艺人说唱）有《西游记》《济公传》等；世情书（才子佳人悲欢离合的故事，多为中篇）有《回龙传》《回杯记》《五子登科》等。故事多源于小说、评书、皮影戏、弹词，也有少数为说书艺人自编的书目。

东北解放后，产生了许多现代曲目与书目，影响最大的优秀短段有《董存瑞》《渔夫恨》《杨靖宇大摆口袋阵》《白求恩》等。中篇书多采自已出版的中篇小说，如《杨桂香》《小二黑结婚》等。长篇书多是根据小说改编的，如《新八女英雄传》《烈火金钢》等。

唱腔伴奏，动人心弦

东北大鼓的演出形式是一人打板击鼓演唱，另一人操三弦伴奏。民国后，有加上四胡伴奏的，也有少数再加上琵琶伴奏的。有时，因为没有弦师，艺人可自弹自唱，也有的艺人演过对口大鼓。短段多数只有唱词，少数曲目有夹白，唱词分为"二、二、三"的七字句与"三、四、三"或"三、三、四"的十字句，也有少数曲目有五字句及较长的"剁字句"（大句子中夹有三字句、四字句）。中长篇书有唱有白，一般一回书（约二三十分钟）中有两段或三段唱篇。

伴奏音乐是东北大鼓中不可缺少的组成部分，它与唱腔紧密配合，能托腔保调、渲染气氛、润色唱腔或给演唱者换气休整的间歇，使演出节奏有张有弛，让听众留有品味时间。伴奏音乐可分为过板音乐（包括前奏、引子、大过门、小过门）与唱腔伴奏两部分。前奏是在演唱之前所用的相对独立的民间器乐曲；引子是与唱腔有内在联系的器乐曲，与唱腔旋律相吻合，并给唱腔做引导；大过门用在唱段与唱段之间，起着相互连接的作用；小过门用在乐句与乐句之间，紧密配合唱腔。

唱腔伴奏基本上采用随腔伴奏的方法，但又与唱腔不完全一致，所谓"既合又离、似离又合"，在唱腔的旋律稀疏或休止时，伴奏则加花装饰，填充空白，将唱腔衬托得更加丰富。伴奏的技巧还有很多，如前闪后合、环绕加花、紧弹慢唱等等。伴奏乐器以三弦、四胡（或二胡）为主，也可增加扬琴、中阮等。演唱者自操木板与书鼓敲击节奏，配合伴奏，还可以用鼓板作为道具。尤其在开场之前所演奏的"鼓套"和"花板"加上"大珠小珠落玉盘"似的三弦拨弹，更能烘托出动人心弦的紧张而热烈的氛围。

如今，传承了200多年的东北大鼓，早已形成了自己的流派。从业人员扎根基层且分布广泛，东北地区的每一个乡镇，几乎都有东北大鼓艺人登台卖艺。这种接地气的表演也使得东北大鼓在东北人民群众当中产生了巨大的影响。从某种意义上来看，东北大鼓与关东鼓曲艺术的源头有着密不可分的关联，并在全国鼓曲舞台上占有重要的位置。

走近沈阳北市摔跤
感受传统体育的力与美

    在2021年国务院公布的第五批国家级非物质文化遗产代表性项目扩展项目名录中，由辽宁申报的"沈阳北市摔跤"赫然在列，成为继天桥摔跤、满族二贵摔跤等项目之后摔跤类第七个国家级非遗项目。作为一项传承了百余年，承载了老沈阳近一个世纪记忆的代表性国家级非遗项目，它不仅是一项文化体育活动，更是展现沈阳人精神面貌、凸显东北地域文化的一个独特窗口。在庙会上，在城市印象的舞台演出中，均有沈阳北市摔跤的真实呈现。"眼似流星手似电，腰如蛇形腿似钻"，今天就让我们寻访沈阳北市摔跤的前世与今生，感受传统体育项目的雄浑魅力。

溯源：源于满族的"布库"

    沈阳北市摔跤源于满族的"布库"，据载1632年皇太极在同蒙古王公的公盟中曾约定"一跤定君臣"，选优秀跤手相搏，结果满族跤手获胜。据满文档案记载，天聪六年（1632）清太宗赏三力士，将在"布库"中获胜的三力士——门都、杜尔麻、特木黑封为"巴尔巴图鲁"。清朝入关后，于康熙八年（1669）建立善扑营，可称清朝的"国家摔跤队"，分左营和右营。从1669年至1911年涌现大批的优秀跤手，其中有案可查的神力王就有好几位，如顺承郡王勒克德浑的第四子勒克锦、咸丰朝的僧格林沁等均是有名的跤手。清末还有大祥子、崔秀峰、端五等有名气的摔跤手。

民国初年由宣统朝转到民间的跤手有崔小鬼、宛永顺、闪德宝等。此期间水平最高的当属崔秀峰，他是汉族人，师承奎六（一等扑户），入营后很快在东西两营中无敌手，往往一个大回合可取得胜利。崔先生一生授徒无数，其中最高水平者为祖籍天津的卜恩富。他自幼学习各类武术，尤善摔跤，在1935年的民国第六届全国运动会上战胜当时的北平跤王——宝山，获得中量级第一名，被公认为20世纪三四十年代中国摔跤泰斗。20世纪40年代卜先生来沈，在此期间授徒无数，水平最高者，一为栾树生，二为董永山，二人均为名震全国的高手，被摔跤界誉为"一霸一王"。

跤场："真摔"老北市

对老沈阳人来说，北市摔跤多是以表演卖艺的形式出现在街头。用老一辈人的话讲，"他们'撂地儿''打钱'，在尘土飞扬的摔跤场上，靠血汗挣吃饭钱"。20世纪初沈阳北市最出名的摔跤手叫徐俊卿，是北京顺义人，他身材魁梧，手脚利落灵活，会武艺，因摔跤战胜日本相扑手而出名。一些摔跤爱好者也纷纷前来向他拜师求教，徐俊卿收了很多徒弟。

随着社会的发展和行业自身的提升，北市摔跤的技巧性与竞技性得以改善，摔跤手在表演的同时也会参加竞技比赛，到20世纪50年代末，随着董永山、栾树生、刘长青合伙在北市场设立了跤场，"北市跤场"这4个字让这片"杂巴地"名声大噪，成为与北京天桥、天津南市、济南大观园等齐名的摔跤圣地。沈阳北市跤场的特色是武术加跤，是"真摔"。"大掌柜"董永山将满族和蒙古族摔跤技法与辛家拳精髓结合起来，创建了武术加跤的新摔跤方法，战胜了全国众多一流摔跤高手。北市跤场既是摔跤艺人的谋生之地，又是武林人士云集的聚会场所。

新中国成立后，摔跤曾被列入全军大比武项目，沈阳的跤法是主要学习对象。当时，在我军的训练科目中，肉搏战十分重要。所以，主持全军大比武的罗瑞卿将军十分看重摔跤。在全军广泛推行的"郭兴福教学法"的摔跤科目中，有很多跤法就来自沈阳北市跤场。后期刘长青（外号"墩子刘"）组建了力士摔跤队，地点在沈阳市和平区北市场曲艺团，自此在北市扎了根，还请来了中国摔跤泰斗马贵宝、王文志、周茂兴、王全胜（徐俊卿的关门大弟子）来北市场表演跤艺绝活，在多地进行巡回表演。

跤法："大绊三十六，小绊演牛毛"

"工欲善其事，必先利其器"，要想学好沈阳北市摔跤，必先从基本功练起。重要的有"五功"："一功"是四脚步服，俗称"跳蹦子"，参照练习杠杆力的方法，主要练习左右藏腰步伐，侧重强化螺旋力量；"二功"是走空，即使用绊子练习摔人时的协调性，在采用手法练习时要通过抓握对方，使对手被控制，令其处于被动状态；"三功"是矮子步，为的是在身体失去重心的情况下，仍有反击对手的平衡力；"四功"是长距离跑步，这种练习是为了加强耐久力；"五功"是持重蹲，加强上肢稳定性。

跤场上常说："抢把千手快、掼跤如来技。"掌握了良好的基本功，方能灵活掌握手、腰、腿的三力合一，才可能游刃有余地用手

沈阳北市摔跤动作演示"腰上飞"

控制对方，用腿绊倒对方，使对方倒地，而自己站立。沈阳北市摔跤要求手是两扇门，全凭脚胜人，有"大绊三十六，小绊演牛毛"之说。所练的绝活有千手别、腰上飞、乌龙摆尾、夜战八方、寒鸭浮水、苏秦背剑等。

千手别（"别"也是"绊子"），主要用手防护对方，就是用手借力打力，手法巧，像千手如来，防不胜防。千手别的技法多变，可以单用，也可以组合，视情况而定，比较灵活。

腰上飞，即一方用左手抵对方右手肘，右手抵对方左后腰。把脸别过去，背对对方，运用腰力、胯力，通过晃、撞，上、中、下三盘合一，快速转体，使身体达到和谐统一，这样就达到四两拨千斤的效果，可以把超过自身体重的人摔倒。

乌龙摆尾，左手抓对方小袖，右手抓对方反挂门，跳步，右腿插对方裆部，挑对方左大腿根部，转体、甩头，将对方摔倒。

夜战八方，左手抓衣袖，右手抓前中心带，跳步入裆，连续用胯崩出对方。

寒鸭浮水，对方用手别，己方放松，用右腿小腿肚削拉对方，使其失去支点被摔倒。

苏秦背剑，左手抓对方小袖，身体内转，右手扶对方小腿，左手拉紧，向身体前上方翻转，将对方摔倒。

跤王："留有分寸、点到为止"

沈阳北市跤场涌现出许多摔跤高手，尤其是栾树生的得意弟子关贵林，被誉为沈阳北市摔跤接班人。

关贵林是20世纪40年代生人，他14岁开始向栾树生学习沈阳北市摔跤，练习摔跤的基本技法和步法。由于悟性好，学得快，拜师3年后，在沈阳便已难逢对手。1959年参加沈阳市摔跤比赛，获最轻级冠军。1961年应征入伍，后做侦察教官。1962年正式收徒。1965年退伍后继续到北市跤场表演、练艺。1966年全运会冠军刘玉森来沈表演时，当时沈阳的"五虎上将"均败北，而关贵林在同刘玉森的较量中连胜3场，他也因此而名声大振。1975年沈阳市成立第一批摔跤队，关贵林任队长。他亲率沈阳摔跤队与河北队、内蒙古队、吉林队比赛，本人及沈阳队均取得优异成绩。2002年他被省体育局命名为"跤王"，2005年任辽宁省摔跤协会主席，2008年任辽宁省摔跤协会顾问。

近年来，在政府的支持下，关贵林已在沈阳开设多家沈阳北市摔跤传承基地，广泛收徒传艺，积极培养青年一代传承人。关贵林还在市体育局领导下成立鲁园跤场培养下一代，并同师兄荆玉贵，师弟李元友、孙尚达、孙宝峰等在沈阳各大公园传授跤艺，应了那句"有很多摔跤名将是从公园里'摔'出去的"。"中国式摔跤不仅仅是一项身体和技术的较量、力量的博弈，更是一种斗智的运动，但摔跤并不伤及人的要害，讲究留有分寸、点到为止"，已过耄耋之年的关贵林仍致力于摔跤的传承与保护。在高手如林的非遗擂台上晋身国家级非遗名录，无疑让以关贵林为代表的摔跤人备受鼓舞，也让人看到了沈阳北市摔跤的光明前景。

沈阳北市摔跤文化底蕴深厚，在比赛过程中伴有解说、切口、笑话、买卖嗑儿，表现了摔跤手的才智与幽默，因此有"武相声"之称，像将小个子的摔跤手解说为"秤砣小，顶千斤"，或以诙谐讽刺的语言调侃对手时说"你摔我的盆儿，我打你的幡儿"……不同于单纯的摔摔打打的传统体育项目，沈阳北市摔跤是具有一定娱乐气氛的体育运动，也正是因为其不拘一格的套路，才能承载得起无数老沈阳人的集体回忆。如今的沈阳北市摔跤已发展成全身性运动，通过锻炼能起到强健体魄、防身护卫的作用。

练习摔跤基本功所用的各种器械

梨园春色今如许
再看评剧"韩、花、筱"

　　作为汉族传统戏曲剧种之一，评剧深为广大人民所喜闻乐见，位列中国五大戏曲剧种（曾有观点认为是中国第二大剧种）。追其起源，评剧的形成基础是清末河北滦县（今滦州市）一带的小曲"对口莲花落"，形成后先是在河北农村流行，后进入唐山，称"唐山落子"。评剧有东路、西路之分，兴盛于沈阳的评剧"韩、花、筱"便是东路评剧的代表，至今仍在华北、东北一带流行。2006年，评剧入选第一批国家级非物质文化遗产名录。

从"落子"到"评剧"

　　评剧源于莲花落、拆出小戏、唐山落子、奉天落子。1912年评剧奠基人成兆才带领吉庆班到唐山永盛茶园演出，与永盛茶园合作，组成永盛合班。由于当时人们对以唐山为中心的落子印象好，所以称这个时期的落子为"唐山落子"。

　　随着永盛合班到山海关演出，当时一位退任的河南都统将永盛合班改名为"警世戏社"，赞赏落子具有"评古论今"的作用，这也就是后来称评剧为评戏的来由。唐山落子被迫出关后，艺人把落子与东北当地群众的语言、习俗和欣赏特点相融合，加上东北老百姓对生动活泼、通俗易懂的落子艺术形式的喜欢，于是就形成了以沈阳（当时为奉天）为中心，遍布东北地区，影响辐射全国的艺术新形式——大口落子。

沈阳是东北的政治、军事、经济、文化中心，于是人们称这具有东北风格的落子为奉天落子。沈阳的北市场是奉天落子的发祥地。1920年，大量落子艺人涌进刚建立的北市场。北市场人气旺盛，捧红了落子。为了扩大落子的演出阵地，先后建立了大观茶园、公益舞台、中山大戏院等专营落子的文化娱乐场所。在解放前的30年里，关内外落子互相融合，竞相发展，占据了中国的文艺舞台。新中国成立初期，正是以大观茶园为基础，吸收了其他地区的评戏艺术骨干，组建了唐山评戏院，后来改为沈阳评剧院。为提高艺术地位，把落子、评戏统称为评剧。1961年，沈阳评剧院被确定为国家重点剧院，韩少云、花淑兰、筱俊亭就是在新中国成立初期先后受邀来入院的主演。

韩派"三绝"韵味浓

韩少云的师傅是一生都当配角、成功塑造了很多小生行当人物形象的刘子熙以及彩旦、花旦创始人金开芳。韩少云的唱腔饱含着师傅们的艺术特点，尽得师傅们的真传，遵循现实主义方法，表演和唱腔浑然一体，其扮演的角色各具特色，以朴实、深邃、细腻、优美、大方的表演风格著称。在唱腔上，她受到评剧早期刚劲酣畅唱腔和奉天落子时期柔媚洒脱唱腔的影响，结合自身条件，融合成音域宽广、刚柔相济、行腔委婉和韵味醇厚的特色。"字清、腔顿、板正"是韩少云唱腔的"三绝"，加上她甜美的音色、清晰的吐字和

著名评剧表演艺术家韩少云

腭音演唱别具特色的娇嫩"疙瘩腔"，更别具韵味。20世纪60年代，韩少云的评剧表演艺术进入新的高峰，她演出了许多现代戏，在《洪湖赤卫队》《江姐》《杜鹃山》等剧中塑造了很多现代人物形象的同时，也大胆地对评剧唱腔进行了改革与创新，为评剧唱腔音乐的发展开拓了新路。60余年的舞台生涯，她上演了200余出剧目，包括《小女婿》《小二黑结婚》《杨三姐告状》《人面桃花》等，尤其是一曲《小河流水》成为评剧名段，家喻户晓，男女老少竞相学唱。

花派"三高"唱得响

花淑兰深受白玉霜、喜彩莲评戏艺术风格的影响，加上她自身非常崇尚爱莲君、刘翠霞的落子艺术，痴迷于她们的演唱风格，深受其影响。根据自己的嗓音条件，花淑兰一方面继承前辈的传统艺术，博采众长，另一方面，广泛吸收京剧、梆子、大鼓等剧种、曲种的艺术营养加以融合，并进行发展和创新，创造出"高遏行云，低逐流水"的花派唱腔。她嗓音清脆甜亮，音质纯净，唱腔高亢挺拔。人们赞誉她的演唱有"三高"，即"弦高、腔高、音高起唱"。她音域宽，共鸣好，吐字清晰，字正腔圆，韵味浓郁。善于演唱高亢向上的旋律，喜用有弹性的"疙瘩腔"，行腔多彩流畅，上下滑动，上滑圆，下滑满，高低自如。她的演唱以刚毅见长，刚中亮，柔中脆，低腔低而不沉、柔而不温。她的嗓音越唱越亮，有极大的爆发力，享有"铁嗓""戏曲的美声""花腔女高音"的美称。在60多年的舞台实践中，花淑兰共演出大小剧目200多出，代表作有《白毛女》《茶瓶计》《谢瑶环》《花为媒》等。

花淑兰（左）在《茶瓶计》中饰演春红

筱派"低里走"成就当家"老旦"

　　筱俊亭8岁拜师杨义，后又拜朱金才为师，两位师傅唱腔泼辣、速度较快，讲究嘴皮子功夫。筱俊亭嗓音低而宽厚，她尽量发挥中音区浑厚、低音区沉稳的有利长处，加上她善于在泣音中注入充实的情感，效果甚好。经过舞台实践，大胆创新，她终于创造出一套比一般评剧唱腔低四度的唱腔，自成一派，创立了评剧老旦行当。筱派唱腔粗犷豪爽，低回浑厚，刚柔相济，韵味浓郁。筱俊亭善于运用各种板式，行腔俏丽、委婉抒情、柔刚兼备、吐字如珠。她善于运用"掏、闪、顶、垛、急、顿、搓、抢"等手法，节奏变化绚丽多彩。特别是她演唱的"垛板"棱角清晰、抑扬分明，快而不乱、慢而不断，灵活巧妙、独具特色。在刻画人物上，做到声情并茂、感情真挚、水乳交融，《小院风波》《打金枝》等都是其代表作。筱俊亭以其浑厚优美的中音和逼真的情感赢得观众的满堂喝彩，在《打金枝》中先顶调，后设腔，充分发挥了"低回婉转""刚柔兼备"的风格。在《对花枪》中，她集中了唱、念、做、打的全部才能，成为筱俊亭艺术的精华。

　　长久以来，评剧以唱功见长，吐字清楚，唱词浅显易懂，演唱明白如诉，表演生活气息浓厚，有亲切的民间味道。它的形式活泼、自由，最善于表现当代人民生活，因此在城市和乡村都有大量观众。评剧"韩、花、筱"三大艺术流派是一个文化区域内艺术特色的代表，她们深入社会、群众，熟悉生活，从实践中吸取营养，从生活中感悟真谛，从群众中获取力量，从她们的唱腔中可以听到社会、时代和民众的呼吸。评剧"韩、花、筱"是东北人民智慧的体现，更是辽沈人的骄傲。

著名评剧表演艺术家筱俊亭

闯海人的劳动协奏曲

长海县，地处辽东半岛东侧、黄海北部海域，是全国十八个海岛县之中唯一的海岛边境线，县境东与朝鲜半岛相望，是大连距离日本、韩国最近的区域。长海县山环水抱、风景如画、风情万种，是宜居城市、避暑胜地、浪漫之都大连的缩影。就是这样一处陆域总面积为142平方千米的海岛县，早在7000年前便有人类在此定居，在漫长的岁月里，人们渔猎耕耘、向海而生、繁衍生息。伴随着海岛居民在渔猎生产生活方式中产生的各种劳动号子，便是这里的人们，尤其是那些勤劳勇敢的"闯海人"克服困难、征服大海的生动写照。2011年，长海号子入选第三批国家级非物质文化遗产名录，"长海声音"与长海海鲜一道，撩动了更多人的心弦。

从历史风雨中乘风破浪而来

作为劳动号子的一种，长海号子在我国民族民间音乐中独具特色，是前人为我们遗留下来的宝贵财富。据长海县考古发掘的出土文物考证，大约在6000年前，海岛上就有人类用骨镞、骨鱼钩、渔网、木筏等工具进行渔猎生产。随着历史的变迁、人类的进化、生产力的提高，人们所使用的海上工具由木筏发展到独木舟、木板船、木帆船等。

山环水抱的长海县

伴随着生产工具的更迭换新，人们的创造力也随之而生。至东汉中叶，因战事发生，张伯路率义军（以船、渔民为主）转战长山列岛，当时所用船只较大，可由十几个人操纵。伴随着海上运载量提升、操船程序日趋复杂，船民的劳动强度也与日俱增。为了使大家齐心协力完成各项繁重的体力劳动，船（渔）民们想出了以喊号为令统一节奏的办法，长海号子由此诞生。

清朝末年至民国初年，海岛与外界交往日渐增多，贸易量逐渐增大，帆船进出港及在航行中，船工们要担负各项繁重的体力劳动，号子就更为重要，成为船工们劳动中的行动号令。在长期的劳动实践中，号子类型也越来越丰富，成为别具海岛特色的、越发完整成体系的船（渔）民号子。当时可细化出掌大篷号子、拔锚号子、勒锚号子、蹬挽子号子、抽滩号子、出舱号子、摇橹号子、拉网号子等多个适用于不同场域和生产方式的劳动号子。

20世纪三四十年代，为支援胶东抗战队伍，需将东北的钢材、粮食、药品运往山东抗日根据地，海上运输更加发达。当时，船只吨位更大了，有的大船一口锚就有2000多公斤重，一叶大篷撑（读"掌"音）到一半以上就有2500多公斤的重量，繁重的劳动中船（渔）民号子便发挥了鼓舞斗志、凝心聚力的积极作用。

20世纪五六十年代，长海号子进入鼎盛时期。据老船公讲，过去使唤船的都要到山东蓬莱去祭祀海神娘娘，保佑船民平安。天南海北的几千条船一到蓬莱，船工们号子喊得格外响亮，引得当地的老百姓都到码头观看，并笑着说："嚎天狗又来了。"可想而知，当时的号子影响力有多大。

吹响海上作业的"劳动集结号"：

哎嗨哟，哎嗨哟！使劲拽哟，把篷掌啊，乘上风啊，快下网啊，多捞鱼虾啊，好换粮啊，全家老少，饱肚肠啊。

嗨哟嗨，嗨哟嗨，嗨哟嗨，嗨哟嗨，哎嗨哟，哎嗨哟！

——《掌篷号子》

哎嗨哟，哎嗨哟！哎嗨哟，哎嗨哟！西天上有黑云啊，

就要坏天了，伙计们啊，快出铺啊，把桅来放下啊，咱们

保平安啊，大船啊，风小就回家啊，老婆一见高兴了啊。

哎嗨哟，哎嗨哟！哎嗨哟，哎嗨哟！

——《拔桅号子》

长海号子，因劳动程序不同而调式各异，有矫健而明快的掌大篷号子（由"三起头"和"老号"两部分组成）、豪放辽阔的拔锚和勒锚号子、铿锵有力的出舱号子、委婉细腻的抽滩号子等等，共计数十种。总体上，长海号子主要分两大类：一类是船民号子，是运输船上的船民在劳动中喊唱的号子；另一类是渔民号子，主要是渔民打鱼时喊唱的号子。

因运输船比较大，船民号子种类繁多、内容丰富，现将主要号子介绍如下。

掌大篷号子：掌大篷是指把帆船上的大篷从桅杆底部掌到顶部。掌大篷号子分三起头号子和老号。三起头是常用的掌篷号子，节奏相对较快；老号则是大篷掌到一半以上时使用的号子，节奏比三起头缓慢。因为在上升过程中随着风力加大，大篷重量也逐渐加大，特别是当大篷即将掌到桅杆顶部的时候，需要加大力量。

打锚号子：将锚从海底打捞到船上时使用的号子。

勒锚号子：当锚离开水面往船头拔时，这是最较劲的时候，需要有人将缆绳勒到锚头，再拉缆绳，将锚拖到船上用缆绳勒住时所用的号子。

推磨关号子：磨关类似于绞车，推磨关号子是用人力推动绞车将锚拉起时使用的号子。

抽滩号子：抽滩是帆船进港或出港遇到逆风时，将锚用舢板装到船行进的前方后扔进海里，然后再拔锚使船向前行进。抽滩号子是帆船抽滩时船民使用的号子。

拔筐号子：是将装货物的藤条筐从船舱底部拔上来时喊的号子。

蹬挽子号子：蹬挽子是指船到浅滩后，需要人力用竹篙或木杠将其推到滩涂上用力蹬，使船离开滩涂，或者使其靠港。蹬挽子号子往往是七八个人一起喊号子助劲儿。

摇橹号子：船航行无风或逆流时，需要船员一齐摇橹时使用的号子。

捞水号子：船航行到浅水区域时，需要有人在船头测量水深，高声报给船老大和其他船员，这时使用的号子就是捞水号子。

拉纤号子：拉纤是指船行进到内陆的河套里逆流而上时，需要人在陆地上拉纤使船行走而喊的号子。

渔民号子主要是渔民打鱼时使用的号子，形成初期调子比较单一，随着时代的发展，渔船渐渐增多，船体加大，结合渔业生产的特点，号子也随之增多了。同时，渔民号子吸收了船民号子的各种音调加以丰富，除了有打锚、撑篷、摇橹等号子，还有推船号子、拉船号子、拉网号子、捞鱼号子、拔鱼号子等等。

长海号子主要靠船、渔民在朝夕相处的劳作中口传心授流传下来，传承时以船为单位，船船相传。以行业为中心，以船只为纽带是其主要传承脉络。

奏响海岛文化新节拍

在历史演变过程中，长海号子不断丰富，形成独特的风格，独具大海特色，但在具体的劳动中，也会因劳动强度、紧急程度以及情绪的不同，导致号子节奏、力度有所变化，即兴发挥余地较大。总的来说，长海号子曲调辽阔粗犷、高亢悠扬、热情奔放，多为四平腔、二六腔、流水腔、散腔、小滑腔、大滑腔及大甩腔，给人极强的震撼力；其唱词凝练，节奏生动、明快，多为4／4、2／4、1／4拍和散板，音节简短、词句通俗，多为三五个字一句。通过一个人（号子头）领众人合唱的形式，激发大家的情绪，在统一号令的指挥下，同心协力劲儿往一处使，完成船上的各项劳动，其内容大都健康向上，反映了船（渔）民的乐观主义精神。

长海号子反映了渔家人在各个时代的社会意识和生活状态，体现出鼓舞士气、团结一致、乐观向上的团队精神，对渔民具有积极影响，其高亢优美的曲调，也为后世音乐创作提供了丰富的素材。20世纪六七十年代始，长海本地的文艺工作者为了继承和弘扬长海号子这一海岛民间文化，在借鉴和吸取长岛号子音乐元素的基础上，创作了许多有"海"味特色的组歌、音乐剧等作品，赋予了长海号子更新、更美的内容，如音乐剧《海篷花》、组歌《碧海战歌》《美丽富饶的长山岛》《渔家姑娘的心》等，并多次荣获各级政府文化奖项。

长海号子在生产、生活中起到了重要作用，人们伴随着或悠扬舒缓，或苍凉低回，或响彻云霄的号子声抒情感怀，在铿锵有力、激荡起伏的劳动号子中展现团结一心、奋发图强的精神面貌。"喊号

部分传承人合影

子"已经成为他们生产、生活的重要组成部分。随着生产方式转变，长海号子使用频率减少，加上高龄船（渔）民的去世，会喊唱长海号子的人现已不足百人，传统长海号子的传承遇到一些困难。为了保护和传承这一民间文化，当地一是利用文字和现代化传媒手段对长海号子进行资料保存，加强对喊号人的保护；二是成立业余演唱队，让更多人学唱渔民号子，进行传承；三是多次召开座谈会，讨论长海号子的音乐发展方向，吸引更多的音乐人关心长海民间音乐的传承、发展、创新。作为海上作业"副产品"的长海号子，正经历着传承与发展的历史大考。

长海号子是劳动的节奏，也是生活的节拍，是长海先民们千百年来不断探索、寻求海洋规律的真实写照，是拼搏向上、积极进取的精神动力，更是留给后世子孙的独特文化基因。一代一代闯海人以号子为媒介，以渔猎为寄托，劈风斩浪，向海而生。他们的不懈努力，将使长海号子越唱越响，也为优秀传统文化赋予了更多时代价值。

吉祥剪纸的文化之美

　　"中国剪纸是用剪刀或刻刀在纸上剪刻花纹，用于装点生活或配合其他民俗活动的一种民间艺术。在中国，剪纸具有最广泛的群众基础，它交融于各族人民的社会生活，是各种民俗活动的重要组成部分。其传承赓续的视觉形象和造型格式，蕴含了丰富的文化历史信息，表达了广大民众的社会认识、道德观念、实践经验、生活理想和审美情趣，具有认知、教化、表意、抒情、娱乐、交往等多重社会价值。"这是国家非遗中心官网上对中国剪纸的介绍。2009年，庄河剪纸作为"中国剪纸"的一员，入选联合国教科文组织人类非物质文化遗产代表作名录。这项传承了200多年的传统民间美术手工技艺，以其独特的韵味为世人所重新认识。

200多年传承，剪随心动直抒胸臆

　　庄河剪纸历史悠久，《庄河县志》记载，"剪纸艺术，很早即流传于民间广大妇女中"。根据对庄河历史变革及民俗活动纪事的考证，从唐代开始，这里就有剪纸，明、清时期开始流行，至清末民初比较盛行。这与辽宁地区民间剪纸艺术发展的时间大体相同。据史载，明代的红崖（庄河原名）等地开埠，成为关内流民涌向东北的周转地。清初朝廷颁布《辽东招农开垦条例》，大量关内流民接踵而至，直鲁地区流民"闯关东"，自此渐成村落，也促成了庄河本土剪纸文化与外来剪纸文化交融，进入多样化发展阶段。

从建于明代的仙人洞上、下庙的宗教仪式中使用的剪纸饰品，到流行于清末民初在年节和民间婚丧等生活化的剪纸应用，以及与民间皮影、刺绣等艺术形式的互动关联，加上现存的庄河古城老街的建筑装饰和曾经的街市"纸坊"等文化形态，庄河剪纸在清朝中后期至庄河建置（清光绪三十二年，1906年）前已普遍流行。20世纪80年代初开展的民间艺术调查中，数名80多岁的剪纸老艺人讲到她们是跟母亲学的，母亲是跟姥姥学的。这进一步证明了庄河剪纸传承至今，至少已有200年的历史。

同大部分地区的剪纸一样，庄河剪纸的过程随意性很强，大多数人不需在纸上用笔先画稿，而在心里打腹稿，用老艺人的话说："心里想什么就能剪个什么。"剪纸的内容、形象一定是意识里呈现的完整剪样，是剪子和心灵和谐沟通而成的样稿。开剪时一般从图案整体的边沿起剪，剪孔时用剪尖慢慢地摇动将纸穿透（这叫"开孔"）；遇到连接线条，需要过剪时，要虚线实剪（这叫"穿剪"）。一般在"开孔""穿剪"时食指前端放在纸的背面，托住剪刀，配合动作，以求孔缝的边缘光洁，若剪羽毛状和锯齿纹则先在开口处剪开一个弧形长口，然后再顺羽毛根部底线依次地转动手腕、交叉运剪，遇到图案变化较大时需把剪刀放在左手的食指上，以助右手操剪。2008年，庄河剪纸入选第一批国家级非物质文化遗产扩展项目名录。

题材丰富，围绕生产生活的艺术化表达

庄河剪纸题材是伴着这方水土、民族风情和传统习惯应运而生的，且广泛应用于生产、生活之中。庄河剪纸的题材可从两大类别上进行了解。

其一是反映民间百姓精神生活的祈福祛灾、民俗风情类剪纸。首先是节日应用的剪纸，如应节兆福剪纸，即随着四季节令的不同而产生不同的剪纸。比如，春节贴喜庆窗花、门彩等，以迎福纳祥、庆贺喜庆团圆；端午节剪猴子捉妖、葫芦收妖捉怪等，以示辟邪除病；中秋节时剪嫦娥、兔爷等，借以象征团圆丰收。其次是反映民间信仰崇拜的剪纸，如以中华民族龙图腾信仰为主题设计的各式图案等。最后是生活习俗剪纸，普遍体现在红白喜事及居家过日子之中。比如，新婚嫁娶必然要剪《大红双喜》，配以《鸳鸯戏水》《荷花莲子》剪纸；孩子降生要剪《长命百岁锁》；老人过寿要剪《松鹤延年》剪纸；等等。

庄河剪纸的另一重要题材便是历史故事、民间传说类剪纸。人们将自己所熟悉的喜闻乐见的历史故事、民间传说等以剪纸的形式表现出来。这些故事情节有悲有喜，内容爱憎分明，通过剪纸可传达出故事对人们的教化意义，也体现出了剪纸艺人的创造性。比如，"八仙过海""西游记""水浒传""穆桂英挂帅"等故事和戏剧内容，"老鼠娶亲""抓髻娃娃"等民间传说等，都成为人们创作的重要灵感源泉。

寓意美好，传递求吉纳祥的民间愿望

庄河剪纸的内容构思巧妙，多采用托物寄情或赋予吉祥寓意的象征手法，借助形象、谐音、文字等多种表达方式，给人以美好的联想，既生动有趣又贴近生活。

形象表达。常以比喻手法表达某种愿望，反映在特定历史时期民间百姓劳动之余，对"劳者歌其事，饥者歌其食"的渴望和热爱生命的真挚情感。如牡丹寓意富贵，龙凤寓意呈祥，鸳鸯荷花寓意夫妻和美，等等。庄河剪纸在形象语言上形成了一些约定俗成的表达符号，如"莲年有余"不只是花鸟鱼虫的具体形象的写照，其中的鱼代表男、莲代表女等。剪纸老艺人王顺国讲，一个男孩儿、一个女孩儿盘坐在一个大铜钱图案周边，铜钱的圆形代表男，方孔代表女，盘回纹样回转流畅，整个图案构成了表达生命繁衍、家丁兴旺的符号，反映出人们对生殖和生命的崇拜。

谐音表达。用动物、花卉名称的谐音组成的图案，传达吉祥寓意，如鸡和羊谐音"吉祥"，两只喜鹊和海棠谐音"双喜满堂"，莲和鱼谐音"连年有余"，以及蝙蝠谐音"福"、鹿谐音"禄"，等等。

文字表达。利用汉字结构和字词意直接表达感情，最常见的有新婚嫁娶的"双喜"、喜花中的"寿"、丰收的"丰"等。还有造型各异的文字图案，例如"丹凤朝阳"以"日字"为圆心，两边是对称的凤凰飞翔，四周剪以云朵图案。这些剪纸独到的表现手法简单直白，且意味深长，给人画外有话、妙趣横生的感觉。

庄河剪纸国家级代表性传承人韩月琴作品《十子十成》

特征鲜明，凝结地方民众的艺术追求

表现对象的典型化。庄河剪纸善于抓住物象的典型特点和精神实质，用艺术语言加以高度概括，造型十分简练，一目了然。如剪虎的额头上少不了"王"，猴子总是拿着蟠桃，凤凰要配牡丹；人物里的忠良者五官端正，奸猾者则面目淫邪；等等。

变形、夸张、装饰的造型原则。庄河剪纸强调对自然物象进行主观改造，追求形象的精气神儿，形成了圆形、方形、菱形、对称形等独特构图。人物造型多是脸圆、长眉大眼，还有猪比象肥，公鸡比娃娃高以及一个人搂不过来的鲤鱼等夸张造型，充分体现出剪纸人作为审美主体的心理感受，其形象合理、饱满厚重，比现实更有美感。庄河剪纸的造型结构具有程式化特征，装饰纹样组合具有固定性，如牛、马、猪等动物的前额或身上一般剪上涡状旋纹，小女娃头上梳两个小辫，周边剪上两对小鸡或蝴蝶等，装饰得恰到好处，让剪纸作品更添形式美。

讲究繁简处理和黑白关系构成。庄河剪纸善于抓住物象的本质特点，善用简洁明快的朴素手法，取舍得当地提炼出形象，如常见的"花瓶"或"金枝玉叶"等，把一棵树上成千上万的树叶变为每枝杈上的几簇叶，每簇叶有几片大叶，看上去既形象又茂密。细节刻画时，采取一些疏密有致的面块和粗细线条来表现黑白构成，使黑、白、灰之间形成错落有致、聚散有序的关系，使剪纸层次清晰、主题鲜明。

注重刀味剪韵的技巧。庄河剪纸多巧妙运用典型的程式化装饰纹样，如锯齿纹、月牙纹和花朵、云纹、水纹等，加上娴熟的阴阳

庄河剪纸国家级代表性传承人韩月琴作品《山神娃娃》

镌镂刀剪笔触，可做到剪纸行刀曲直自然、刚柔相济、纹络连贯、干净利落，达到线如虎须、尖如麦芒、方如磐石、圆如满月的效果。庄河剪纸可以剪刻出千剪不落、万刻不断，完成后拿起或展开不散不乱的效果。

庄河剪纸有同中华民族传统剪纸一脉相承的艺术特质，表现内容贴近社会生活、融入乡土民俗，艺术表现形式简单，适宜民间百姓动手实践。在本土文化和移民文化的交融共通、不断传承中，形成了庄河剪纸既有北方剪纸粗犷、朴拙、浑厚，又有南方剪纸细腻、精巧、俊逸的综合特征。庄河剪纸质朴而不失精美、豪放而不失严谨的独特韵味，成为彰显地域文化之美的一个重要窗口。

桃核微雕里的大千世界

"明有奇巧人曰王叔远，能以径寸之木，为宫室、器皿、人物，以至鸟兽、木石，罔不因势象形，各具情态。"这是距今400多年前的明朝散文家魏学洢所写的《核舟记》的开篇，此文细致地描写了"核舟"作为一件微雕工艺品的形象，令人惊奇于文章构思精巧、核舟形象逼真的同时，更加惊叹于中国古代雕刻艺术的卓越成就，对中国古代劳动人民的勤劳与智慧的赞叹溢于言表。时间轴来到了21世纪，同样的别致与精彩再次呈现，"只阅其文道神奇，未见其物数百年"的真实版"核舟记"在大连的一位手艺人韩志耀的手中完成了，他称其为"桃核微雕"。2014年，凭借着精湛的手工技艺，大连核雕入选第四批国家级非物质文化遗产代表性项目名录扩展项目名录。

雕刻技艺中的吉祥艺术

在雕刻艺术大观园中，有砖雕、石雕、木雕、竹雕、玉雕、牙雕、核雕等多个领域。其中，核雕是以果核为原料进行雕刻的艺术，主要是在桃核、橄榄核、核桃壳、杏核等生活中常见的果核上进行雕刻，属于雕刻中的微雕工艺，注重精巧雅致，微中见宏，尺幅之间展示大千世界。这种在果核上雕刻的艺术在中国工艺的发展长河中独树一帜，其作品的构思和雕刻都达到了极高的艺术境界和工艺水平，被人称作

"微雕神技，艺术奇葩"。

桃核微雕源于民间对吉祥寓意的追求。民间早有桃核辟邪之说，认为"桃木一木胜千树，桃核一核辟千邪"。人们将桃核看作是能够护身、驱凶、辟邪的圣物。因"核"谐音"和""合"等，所以也寄寓"和气生财""家族和睦""百年好合"等美好愿景。人们为了吉利，更希望逢凶化吉、辟邪扶正，便把小巧而坚硬的桃核系在物件上做吊坠。为了系挂方便，民间多以桃核雕刻，穿孔系挂在身上，也有制成佩件、扇坠、串珠等简单造型供文人把玩。早在春秋战国时期，我国民间就广泛流传着以桃木制品来驱灾辟邪的风俗。明清时期，核雕在我国的江苏、广东、福建、山东等地较为兴盛，且雕刻题材日益丰富，常见形象有十二生肖中的动物，以及十八罗汉、八仙过海等系列人物。

随着"闯关东"大潮的涌起，这项民间手工技艺伴随着移民潮从山东来到了大连，其中的代表性人物是大连核雕的第一代传承人王庆玺。王庆玺的儿子王兆传（即韩志耀的外祖父）、孙女王春兰（即韩志耀的母亲），都自幼随之学艺，到了民国时期，王兆传和王春兰在辽东半岛地区仍以核雕作为重要生活来源。当地有一种小毛桃，其桃核硬度大，可塑性强，每年端午节前，韩志耀的外祖父和母亲就抓紧收桃核、刻桃核，忙得不可开交。当时，王家人做的核雕主要是为当地百姓做一些烟口袋、烟袋、小孩儿随身携带的吊坠，为出海的船工雕刻一些简单的神仙人物、辟邪的舟船吉祥物等。尽管一家人并未以此为营生，但小小的核雕成了活广告，十里八村的乡亲都喜欢他家的核雕，一个端午节王家人靠雕桃核赚的钱已经非常可观。相对来说，当时由于市场需求的只是低端小件，高端核雕无处兜售，王家人渐渐就放弃了高难核雕的制作，目前留下的，都是一些加工并不复杂的式样，如佩件、扇坠、串珠等各种饰品和小动物图腾，基本都有吉祥、幸福、平安和快乐的寓意。

微雕做好"减法"

进行桃核微雕创作，除了要求具备一般雕刻所需要的绘画、书法基础之外，还需特制的刀具做支撑。雕刻师要具有特别的眼力、丰富的想象力、不俗的构图能力和较高的文化修养，这样才能制作出一件精美的核雕作品。

桃核微雕制作的难点在于由于每个桃核的纹理和凹槽都不一样，其质地、密度、硬度、弹性也都不同，所以在核雕创作中只能顺势进行。最初要依照桃核表面的纹理来进行大框架的构思。在创作中，还要根据桃核内部随时可能出现的暗孔来调整制作过程。整个制作过程是一个边思考、边创作的过程，并无固定的章法可循。核雕制作也没有固定的手法、画法和技法，需要随着桃核形状的变动而随时变化。

制作时，首先要进行选材，选择那些比较肥厚且可雕刻的凸起面积较大的桃核，可为后面的工序提供更大的创作空间。其次是构思，桃核微雕是一门思维过程大于用刀过程的艺术，动刀之后便是一门"减法"艺术。作者要先心中有画，而后才能在杂乱无序的网状体上达到随心所欲、随形而变。落刀成画则要分清主次，可先在杂乱无章的桃核面上选出一点可雕的面积作为主图，然后再围绕主图对桃核面上的竖线、斜线进行处理，使之成为为主图服务的有用配图。如果制作挂件，要先将桃核打磨成椭圆形；如果制作摆件，可以在桃核上直接进行雕刻。

相比于挂件和摆件的"按章办事"，雕刻核舟则难度更大。用桃

麻核罗汉

核来雕刻核舟，最大的困难来源于桃核本身的质地。在桃核上作画，根据桃核表面的花纹基本就可以断定为可雕或不可雕刻的材料。要雕刻核舟，切开断面以后，除了表面坑坑洼洼、凸凹不平的缺陷以外，还有许多不规则、暗藏的内孔，这就给创作带来了难度。在桃核上作画，明的地方可以利用一下，遇到有暗眼的时候，创作过程中很难躲掉，就要摸清它的内眼纹路的规律，这个就考验雕刻师的能力了。

核舟一记摘"山花"

韩志耀认为《核舟记》虽然是一篇"神作"，但绝不是"神话"，古人的工具条件不如现在都能做得出来，现在的技艺肯定也能重现古人的艺术高度，豪情万丈的他越发觉得值得一试。他根据资料，开始研究明代船舶、衣饰、家具等实物的造型和比例，单单确定核舟的高度就颇费了一番功夫。《核舟记》原文记载，"舟首尾长约八分有奇，高可二黍许"，长度容易确定，那"二黍许"究竟是多高呢？韩志耀经过查资料得知魏学洢和王叔远都是南方人，由此推断出文中所说的"黍"应为南方黍。为力求准确，他专门拜访农学专家，弄清楚了"黍"就是东北俗称的大黄米，南方黍比北方黍略大，"二黍"摞起来大致有二分（分，长度单位，一分为一寸的十分之一）。除此之外，文中介绍的"开窗"是向上开还是向下开等一系列问题也被他逐一解开，至此才做到理论上已没有了任何障碍。

韩志耀说自己不是"好龙的叶公"，自己要真正做到"核舟再现"。韩志耀知道，仅仅凭着对那篇628个字古文的理解还不够，作品不能仅仅是貌似，而且要传神，这不仅体现了刀尖上的功力，最大的价值还在于作品的艺术魅力。

历时半年，韩志耀的心血终于得到完美呈现。按《核舟记》中描述的，从尺寸、比例到细节，与原作品毫无二致，但人物数量却突破了原来的5人达到9人，窗户也由8扇增加为24扇，可以随意开关。核舟的舱内刻入吹箫者、书童和客人，把诗词刻在船背上，3毫米的小茶壶，壶心镂空，盖可开启，壶嘴中空，通体通畅，结束了"只闻其文道神奇，未见其物数百年"的历史。2001年，韩志耀的《核舟记》在中国第二届民间艺术博览会上展出，因其生动传神引来全场拍案称绝、冠盖群雄，当之无愧地赢得中国民间艺术最高荣誉——山花奖。

那一刻，"高手在民间"的"韩氏核雕"终于为大众所赏识。之后，他相继推出了《锚链画舫》《核舟大观》《浪舞》《扬帆》等作品，在上海世博会、中国百绝群英会、中国轻工商品博览会上夺魁，持续引起轰动效应，他的作品自成一派，形成了辽南地区特有的艺术风格，为大连赢得一张新的文化名片——"韩氏核雕"。2013年，韩志耀历时两年完成的核雕作品《上河图》，将《清明上河图》中的人物和场景雕刻到桃核上，把中国核雕艺术推向一个更高的境界，时隔12年，在第十一届中国民间文艺山花奖巡礼上再次夺魁，成为核雕界两次问鼎艺术巅峰第一人。

方寸乾坤　唯物我心

除了震撼世人的《核舟记》，韩志耀的核雕作品题材还有很多，常见有以下几类：

一是人物类。包括历史名人，各路神仙，儒、释、道的代表人

扁核七星罗汉手排

物，如孔子、老子、庄子、十八罗汉、弥勒佛、菩萨、财神、善财童子、钟馗、八仙等。这些人物有些来自历史上的著名事件，有些来自神话传说，有些来自戏曲和文学作品，还有一些来自民间口耳相传的逸闻趣事、美丽传说等等，比如观音送子、童子招财、钟馗降魔、老子出关等。主题虽然相同，但是表现手法和塑造出的形象却千差万别，给艺术创作提供了相当大的空间，彰显出核雕艺术的多样性。

二是动物类。包括中华民族的文化图腾和各种飞禽走兽，如麒麟、貔貅、十二生肖、鱼、蝉、蟾等。这些都是吉祥物，在中国人的心目中有着很高的地位。

三是植物类。主要以松、梅、兰、竹、菊、荷花、葫芦等为主，这些植物在中国传统文化中象征着高尚的人格，坚贞不屈的气节，冰清玉洁的高贵品质，"富贵不能淫，威武不能屈"的道德情操，寓示着品性高雅。

四是静物类。"舟"是最为常见的代表，还有各种具有吉祥寓意的物什、挂件、吊坠，如平安符、竹篮等。

五是其他类。主要是创作者凭借文化底蕴和阅历感悟进行的独家创作。

桃核雕之所以讨人喜欢，不外乎工艺加寓意，而寓意表达最多的无外乎"福（富）""禄（贵）""寿""喜"。有一些是雕刻题材本身自带的吉祥寓意，还有一些是象征意义，通过借喻、谐音、暗示等手法，表达思想感情更加含蓄而有深意，最终这些艺术创作都能获得人们的心理共鸣。还有一部分是通过美好的民间故事，表达人们的一些憧憬，满足人们的精神需求，这种题材多是通过文学艺术类作品来实现的，例如《五子登科》《武松打虎》等。一些核雕作品还具有浓烈的文化特色，承载着文化思想，更让每一件作品的艺术寓意得到了升华，给人一种艺术不朽价值不衰的感觉，如《桃园三结义》《将相和》《苏轼游赤壁》等。

为了更好地呈现理想中的核雕佳品，原有的工具已经不能满足韩志耀日益精进的雕刻技艺，他就自己动手制作工具——这也是他的长项。他年轻时当钳工的时候，技艺就很精湛，制作自己使用的工具自然是量身而作。他谙熟钢材的性能，能够随心所欲制作自己的工具，刀锋之小之妙之锋利，常人不知为何物。创作过程中那种得心应手、自由奔放的快感，刀法运用自如的喜悦，作品完成后的满足感……自此，韩志耀才真正遨游在自己的核雕王国里。

金州城内龙舞欢腾

中华儿女作为龙的传人，对于舞龙并不陌生，这项源于古人对龙的崇拜的民俗活动，长久以来一直活跃在大江南北，各地舞龙也都"因地制宜""入乡随俗"，呈现着精彩纷呈的面貌，无论是浙江的百叶龙，还是江苏的段龙，抑或广泛流行于南方各地的草龙。人们通过舞龙，不断地展示扭、挥、仰、跪、跳、摇等多种姿势，传达和释放着内心的欢腾和喜悦。人们也以舞龙的方式来祈求平安和丰收，寄寓着劳动人民朴实而真挚的情感追求。在北方明珠大连的北部城区金州，也有一项舞龙技艺传承日久，2008 年，金州龙舞入选第一批国家级非物质文化遗产扩展项目名录。

始于"西门外龙舞"

金州龙舞已经有120多年的历史，其起源可从金州古城西门外村（西门时称宁海门，现为友谊街道园艺村）说起。清光绪七年（1881），清朝毅军提督刘盛林率马步十二营驻防金州。每逢元宵节，他们都会在军营内表演龙舞。心生好奇的西门外（园艺村）人，自见到龙的第一天，就被这个神气的龙给吸引住了，村民也一直想扎制属于自己的龙，但受那时的条件所限，他们只能听听震耳欲聋的锣鼓声和悠扬的唢呐声。

清光绪十一年至光绪十三年，铭字军接防进驻金州后，他们依然保持着每年灯节舞龙的习惯，但与之前营房内官兵自娱自乐不同的是，百姓有了进营房与官兵们一起观龙的福利待遇，大有"军民同乐"之意。有了近距离接触"龙"的机会，村民如获至宝，其中扎棚匠陈德员和纸匠李田英就偷艺仿制了一条"龙"，从此民间也诞生了龙舞，也称为"西门外龙舞"，这也就成了金州龙舞的源头。

自从有了"龙"，城内各家商贾纷纷要求舞龙，争抢着邀请龙舞到自家店铺舞耍。城内商会也会在百姓及商贾的要求下，每年集资舞龙，腊月时便邀西门外舞龙队，在城西门外搭上草棚做好前期准备，比如统一组织、制作龙舞道具，有组织地排演，统一就餐。许多龙舞的热情支持者，为了图个吉利，也来凑个份子，送上红包，商会便将捐资名单写在大红纸上张贴在西门外城墙上，以示荣耀。西门外舞龙名声越来越大，流传越来越远，在西门外舞龙的影响下，金州形成了舞龙热，一直延续至今。

仪式规程讲究多

舞龙时，传统的仪式规程先从拜庙开始。旧时西门外有一座玉皇庙，因为相传玉皇大帝是主管农业的，所以村民就从他正月初九生日这天开始耍龙。人们在玉皇大帝的尊像前摆好贡品，点燃红烛，烧起香火，顶礼膜拜，鞭炮齐鸣，锣鼓喧天，在悠扬的唢呐声中龙灯起舞。之后，把龙擎到龙王庙下的海边，龙头象征性地往水里一扎，以示请龙喝水，待饱饮一顿后，便趾高气扬、精神抖擞地进城来。

龙一进西门（宁海门），阵势可就大了，先由灯官老爷开道，后面跟着鱼、鳖、虾、蟹、蛤叫着"闹海"，饶有风趣的是鳖在挑斗大蛤时，蛤竟能喷出一股水来回击老鳖。再后面是高跷、地蹦（扭秧歌）、旱船和花篮……灯官"反穿皮袄毛朝外"，脖上戴了一串铜铃铛，手里拿着大烟袋，坐在绑在木杆一端的太师椅上，木杆固定在推车上，凭借杠杆作用灯官上下起动。一起一落间，灯官身上的铜铃便会发出悦耳的响声，灯官太太紧跟其后，似有夫唱妇随之意，逗得观众哈哈大笑。

所谓灯官就是管灯的，看哪家做买卖的门灯不亮，他就用烟袋指一指，以示批评。谁家门前的灯又亮又美，他就停下，让龙耍一阵子，乐得掌柜的赶紧给赏。舞罢，主人尊耍龙人如上宾，大摆酒席或者送上馈赠，奉上年糕、粉条、猪肉等，有时也直接给红包。西门外的龙从正月初九开始耍，一直到二月初二"龙抬头"。二月初二晚上，人们把龙擎到海边，点起火焰，龙便升腾而起，重归九天。

舞龙变化花样多

一支规范的龙舞队，一般由两条龙和一个龙珠组成，共19个人，其中一人舞龙珠，每条龙由一人舞龙头，七人舞龙身，一人舞龙尾。

龙舞的动作和耍法又是变化多样的，最重要的是要拿好龙把，需一只手拿好龙把的顶端，另一只手把住上半部，且随着龙的动作而上下滑动，时不时地左右手倒换。一般情况下两只手之间相距60厘米左右为宜，且龙把需高举在头顶的正前方。龙头、龙尾、龙珠也各有具体要求，如龙头舞者是整个龙队的顶梁柱，需由个儿高、

金州龙舞表演

有劲儿、动作敏捷的人承担；龙身和龙尾则是顺着龙头的方向被牵引着往前跑，龙摆尾有原地和跑动两种舞法；耍龙珠者也是舞龙队伍中的重要角色，要求眼疾手快、反应机敏、动作灵巧。

掌握了各自的动作要领，舞龙时便可以游刃有余地表演出纷繁多样的阵型花样。当前金州舞龙花样近40种，如盘龙、行龙、卧龙、龙打滚、大波浪、龙抬头、龙摆尾、越龙脊、翻身、串柱、转柱、盘柱、围柱、串串、龙咬尾、翻江倒海、二龙戏珠、波浪、龙串柱、中串、盘龙门、钻裆甩尾、旋风转、二龙吐须、二龙旋风转、呼风唤雨、蛟龙出海、龙搅水（左）、龙搅水（右）、二龙外大波浪、二龙内大波浪、金龙戏珠、金龙盘玉柱、双钻裆、地滚浪等等。这些变化多端的舞龙花样，神奇而富有魅力，体现了中国人民战天斗地、无往不胜的豪迈气概。

自从龙舞在金州"安家落户"之后，它就"入乡随俗"了，很快和当地人的生活风俗融合起来。大凡城内富商巨贾开业，都会请龙舞表演助兴添彩，以图喜庆，逢年过节时也少不了舞龙来贺，以求得一年的风调雨顺、人畜兴旺、大吉大利。如今，这项传承了120多年的龙舞技艺仍在金州城内欢腾舞动，"娃娃龙"也在传承人的精心培育下茁壮成长、竞相绽放，这就是中华龙的魅力，龙舞盛世，舞动华夏。

海城高跷：
踩在木棍上的东方芭蕾

时间倒回至2014年的塞舌尔维多利亚国际嘉年华，在这异国他乡、全民狂欢、花样繁多的年度盛会上，第一次参加狂欢的海城高跷，代表中国与来自五大洲、26个国家的61支花车巡游队伍同台竞技，最终在万众高呼中，一举拿下了本届嘉年华的桂冠，以超强的实力战胜了英国、巴西代表队，征服了数以万计的观众，打破了英国诺丁山三连冠的纪录，捧回了汤姆·鲍尔斯黄金奖杯。海城高跷也成为首个获此殊荣的中国代表团，获得文化部表彰，这不仅为祖国、为辽宁赢得了荣誉，也凸显了中国优秀传统文化的无穷生命力。

就是这样一支名不见经传的高跷队，下了高跷，他们是农民、售货员、烧烤店老板、微商从业者，队长的哨声一响，便纷纷换了行装、装扮上跷。他们提起一百二十分的精气神儿，以高难度的动作、娴熟的表演，向外界传达着东北人的热情火辣，也正是在这一上一下中，让更多人感受到了"踩在木棍上的东方芭蕾"的别样风采。

海城高跷秧歌的历史，可以说是甚为悠久。海城高跷是辽南高跷秧歌的重要分支，广泛流传于海城市及周边地区，最早见诸文字记载的是清光绪年间出版的《海城县志·岁事》："康熙十二年（1673），牛庄古镇三义庙亦有高跷、旱船沿街跳舞。"由此可考，海

2014年4月，辽宁"非遗"展演团受文化部委派，赴非洲塞舌尔参加"2014塞舌尔维多利亚国际嘉年华"活动。独具中国特色的花车和热情奔放的海城高跷，与来自五大洲、26个国家的61支花车巡游队伍同台竞技，不仅征服了数以万计的观众，更打破英国诺丁山连续三年的冠军垄断，一举摘得本届嘉年华活动的桂冠，捧回了汤姆·鲍尔斯黄金奖杯，成为首个获此殊荣的中国代表团，获得文化部表彰

城高跷距今已有300余年的历史。早期海城高跷的人物装扮多是渔、樵、耕、读及"拉花"等，动作也比较简单，多是在跷上舞耍刀、枪、棍、棒。表演时，高跷艺人身着红绿彩衣，头戴花环，手执纱帕、彩扇，抹脂描眉，扭起来喜气热闹，深受民间百姓欢迎。发展到明清两代，海城高跷逐渐与传统戏曲相融合，形成了集音乐、舞蹈、杂技、演唱、戏曲等艺术门类为一体的独具特色的民间表演形式。

海城高跷属大鼓高跷，按传统习惯，通常是由七副架（14人）组成，多则可达到十二副架（24人）。人物有生、旦、丑等行当，扮相各具特色，动作扎实有力，手上脚下翻飞灵活。海城高跷的表演大致可分三种：第一种是以舞为主。浪得好，稳中有动，浪中见美，动律带艮劲儿。节奏分快、中、慢板，能看出技巧和秧歌味儿。第二种是以唱见长。秧歌艺人唱功好，大场下来清场之后演唱《蓝桥》《大西厢》等曲目，有时也唱《王婆骂鸡》《赵匡胤打枣》等喇叭戏。第三种是高跷艺人的唱、扭、浪条件稍差，以跷功为主。一遇赛会（艺人叫"对会"），即两队以上的高跷队碰头，为了压倒双方争取观众，就表演"下武场"，整个高跷队表演"下叉""地工剪""跌蛤蟆"等跷功技巧。

海城高跷的表演中，"扭""浪""逗""相"相互依存、相得益彰。"扭"为舞蹈基本形态，包括扭腰、展臂、挽腕、屈膝、提气。"浪"做审美标准，"稳中浪"是"上装"韵律美的概括，在动作上呈现优美、端庄、潇洒的格调。"逗"指逗情逗趣，是情意的特殊表达方式，上、下装在表演中以"逗"来抒情达意，推动舞蹈情节的发展。"相"即"叫鼓亮相"，一般指高跷艺人在一定锣鼓套的配合下作出的瞬间静止的造型。频繁地叫鼓亮相是海城高跷的一大特点，目的在于渲染气氛、转化情绪、变换节奏，突出海城高跷欢腾、奔放、热烈的艺术风格。

海城高跷的两名代表性传承人邢传佩和杨敏，被誉为高跷界的"金童玉女"。作为第五代传人，邢传佩和杨敏均得到了胡藻文、郭丽华、姜淑芬等老秧歌艺人的亲自指教，全面掌握了各项跷上的绝活技艺和曲牌、鼓点的运用。多年来，邢传佩和杨敏一直积极致力于该项目的保护和传承工作。其中，邢传佩主要侧重于海城高跷的宣传和传承队伍的建设方面。20世纪80年代末，他组建了海城民间高跷秧歌艺术团，并担任团长，现在艺术团已经发展高跷艺人40余人。与此同时，邢传佩还积极在当地选拔12岁左右的小女孩儿进行培养，着力打造一支少年高跷秧歌表演队伍。而杨敏则将重点放在了海城高跷秧歌的技艺传承、动作编排和创新方面。她在继承传统的基础上，从杂技中吸取养分，将其中的高难度动作融入高跷，创造了"莲花大顶""孔雀开屏""叼绸子"等绝活，增加了高跷表演的技巧性和观赏性。

如今的海城高跷，成为众多非遗项目群体所羡慕和仰望的成功团队，他们不仅踩着跷走遍了祖国的大好河山，而且跨出了国门。他们在欧洲克雷姆斯国际民间艺术节、南京十运会、北京奥运会、上海世博会等国内外大型活动中亮相，收获无数好评。海城高跷真的是一步一个脚印地夯实着"东方芭蕾"的美誉，未来他们将不负众望，以自身的精彩和惊艳，在传统文化振兴的道路上，越走越远。

唱响传统地方戏

——海城喇叭戏

  海城喇叭戏是广泛流传于鞍山、海城、营口、大石桥、辽阳及周边一带的民间剧种，因其主奏乐器唢呐俗名叫"喇叭"，故称"喇叭戏"，早年曾一度被称为"山西柳腔喇叭戏"。因其最早形成于海城西部牛庄一带，1985年辽宁省文化厅根据中华人民共和国文化部颁发的《关于地方剧种以流行地区定名的通知》，将其定名为"海城喇叭戏"。2008年，海城喇叭戏入选第二批国家级非物质文化遗产名录。

地域文化融合有历史

  海城喇叭戏的历史可追溯至明末，当时海城地区盛行地秧歌，演出时既有民歌、小调、民间乐曲，也包括本地的鱼龙百戏，这就为海城喇叭戏的形成提供了基础条件。清初时海城地秧歌中已出现了《小两口分家》《小两口抬水》《顶灯》《妈妈糊涂》等以民歌小调为唱腔，并具有一定故事情节的专场节目，名为"清场小戏"，这标志着海城喇叭戏已经初步具备了戏曲形态。

  明清时的海城牛庄，已是辽南的水旱通商大埠，外省商民纷纷在此建立会馆。聚居牛庄的客商以山西人为主，他们几乎垄断了当地的钱庄、造酒、酱园诸业，所办乐会规模最大。据艺人高德震讲，海城喇叭戏剧目《王婆骂鸡》《梁赛金擀面》《三贤》《冯奎卖妻》就是在清道光年间，由他爷爷高云清从牛庄烧锅大升海晋商同乐会学来而后传入秧歌队的（至今这些剧目在唱腔和韵白上尚留有山西方言口音）。传入较多的还有其他民间小剧种，如《拉君》《打枣》等，基本上保留山东柳腔、茂腔的唱词和曲调特征；《铁弓缘》《杀江》《神州会》则源于陕西、山西的梆子剧种。

不同剧种原流行于不同区域，初进入秧歌队时，仍保持着各自的剧种风格和特色，但因秧歌队只能统一用唢呐作为主奏乐器，加之演员都是海城人，所以演出皆用本地语言，传入时间久了遂被吸收进秧歌队原有的下清场小剧目，如《小两口分家》《小两口抬水》《丁香孝母》《杨香打虎》等，从声腔到剧本都与当地语言、风俗、民歌和秧歌曲牌相融合，形成较为统一的风格。至清道光年间，海城喇叭戏在剧目、声腔、表演等方面均具备了一定的程式，成为颇受当地居民欢迎、具有浓郁地方特色的小戏剧种。

清同治、光绪年间，海城高跷秧歌盛行，海城喇叭戏的演出也由地秧歌队带入高跷会。每逢正月，艺人们白天上跷演出，晚上下地"唱灯碗儿"，农闲时则外出撂地演出。当时农村的自娱性活动繁多，借助迎神赛会、祈风求雨、朝山还愿、盂兰盛会等契机，海城喇叭戏的演出尤为兴盛。

唱演结合有看头

海城喇叭戏在表演时，音乐、唱腔、念白、剧情等均有一定规程，其音乐由唱腔和伴奏音乐两部分组成。早期秧歌队下清场的小剧目主要包括一些东北民歌，随着山西、山东、河北等地的流民大量进入辽南，各地的民间小戏及各种腔调随之进入秧歌队的下清场，如柳子腔、喇叭腔、罗罗腔、耍孩儿、莲花落等。最初各种腔调在秧歌队中只是各唱各的调，属专曲专调形态，相互间并无联系。经过长期的融合，这些腔调最终统一为适应当地民众欣赏口味的喇叭戏音乐。其中，〔打枣〕〔小上坟〕等曲牌仍保持着传入时的原貌，有的也发生了变化，如〔罗罗〕类中的〔双拐〕已衍变为三句形态。梆子和京剧在辽宁兴盛后，喇叭戏音乐又有了进一步发展，唱腔结构更加规范，并吸收了部分伴奏曲牌和打击乐，构成了海城喇叭戏音乐稳定的基本形态。

海城喇叭戏的舞台唱念语言与当地的生活语言结合得非常紧密，艺人们常把当地的习惯性用语用于舞台唱念之中。许多唱词近于乡音土语，明白易懂。海城喇叭戏许多曲牌里都大量运用"哎""咳""啊""呵""呀""哇""哪"等衬字，还有一些曲牌反复运用"大娘啊""爷儿们哪""太平年""年太平"等衬词。衬字、衬词的重复运用，更加亲民，形成了海城喇叭戏的润腔特色。

在演出剧目上，海城喇叭戏情节简单，大多是反映底层劳动人民生活的三小戏（小生、小旦、小丑），人物扮相接近生活。一般生行，戴帽或扎巾，俊扮抹彩，鬓生挂髯口；旦行一般包头，俊扮抹彩，头插银泡，戴头面或插绢花；丑行光头或扎巾，画豆腐块儿。早期传统剧目中人物扮相均用粉妆，后在舞台演出中改用油彩，与高跷队结合演出时，仍多用粉妆抹彩。据著名喇叭戏艺人李凤棠回忆，他15岁向八里陆鹏阁学艺时，还保留了古代角抵戏留下来的装扮，由于戏中要求演员扮演的是古时候的人，也就是俗称的"鬼"，所以在表演时演员不能以真面示人，需要在面上画"人"字图案，又叫"破面"，头缠牛角，两耳戴翠钳子，俗称"牛角婆"。

海城喇叭戏的剧目丰富，部分根据当地民间传说、故事编成，如《茨儿山》、《神州会》（又名《张三赶会》）、《摔镜架》（又名《王二姐思夫》）、《双拐》等。部分取材于元、明传奇及其他剧种，作为小戏单独演出，如从"弋阳腔"《目连救母》中取其第十六折《王妈骂鸡》改编为《王婆骂鸡》，从明代传奇《钵中莲》中采其一折《补缸》改编为《锔大缸》，还有从山西梆子《牧羊记》中取其《杏花村》一折改编为《小放牛》等。也有反映20世纪50年代至80年代人民生活的新创剧目，如《会亲家》《岔道》《夸媳妇》等。

跷戏结合有特色

海城喇叭戏孕育于地秧歌，又从地秧歌中脱胎而出。当高跷秧歌在海城地区兴起时，海城喇叭戏则由地面转入跷上，自此便与高跷秧歌结下了不解之缘，跷戏结合成为海城喇叭戏的重要特色。海城喇叭戏的民间艺人除了必须具备唱、念、做、打四种表演功夫，必须掌握口、手、眼、身、步五种基本技术方法，熟稔三小戏（小生、小旦、小丑）的功底，还必须练就高跷表演中的两种功夫，即跷功和亮相。

跷功：海城喇叭戏经常与高跷队结合同台演出，民间喇叭戏艺人均能踩高跷。在跷上表演，虽然不要求像高跷艺人那样练就跌、打、滚、翻等特技，但喇叭戏艺人也必须在高跷上练出走、跑、站、转、舞、突、停等过硬本领，这样才能在跷上演唱喇叭戏时做到随心所欲。

亮相：海城喇叭戏的表演特征是动作的节奏性极强，一举一动，锣鼓节制，无论哪出戏，无论哪段唱腔表演，举手投足，均得与锣

国家级非遗海城喇叭戏

鼓紧密配合。每到末锣砌住，动作必须是一个短促的停顿，构成亮相。

丑：海城喇叭戏中丑角戏最多，几乎是无丑不成戏。丑角分武丑和小丑两类。武丑如《神州会》中的跑报张三、《拉马》中的焦光普等，小丑如《茨儿山》中的癞和尚、《傻柱子接媳妇》中的傻柱子等。

旦：海城喇叭戏中旦角分两类，即小旦与彩旦。早期的海城喇叭戏小旦均系男扮，新中国成立后才有女装，但仅限于小旦。彩旦因接近丑行，仍以男扮为多。小旦的经典角色有《茨儿山》中的小姑、嫂子，《梁赛金擀面》中的梁赛金等；彩旦的经典角色有《王婆骂鸡》中的亲家母等。

生：海城喇叭戏主要角色行当之一。挂胡子的是须生，如《打枣》中的赵匡胤、《杀江》中的萧恩、《傻柱子接媳妇》中的阔大爷等；不挂胡子的是小生，如《梁赛金擀面》中的梁子玉、《梁祝下山》中的梁山伯等。

与地秧歌、高跷结合后的海城喇叭戏具有机动、灵活的特点，街头、巷尾、大院、广场均可随地秧歌高跷队流动演出。入夜下跷后又能在戏台、厅堂、炕头、院落挑灯唱堂会，也可进入大剧场，在灯光、布景等设备较好的条件下演出。海城喇叭戏演员多半是农民，每逢农闲季节便自发地组织在一起自娱自乐，演员亦是观众，观众亦是演员，每个人都有极强的参与意识和表现欲望。由于表演者和欣赏者之间没有严格的界限，海城喇叭戏的演出具有极大的随意性，演员可以跳入跳出，淋漓尽致地宣泄各种情感，观众也同时得到心理上的满足。装束上有时则只需将毡帽一戴，把腰带往大布衫子上一扎便可扮演各种人物，历史上亦有过"大布衫子戏"之称。海城喇叭戏这种自娱娱人，并且自娱大于娱人的民间艺术，正迎合了广大农民的审美心理。

　　作为一项扎根于本地民间艺术土壤的传统戏剧艺术，海城喇叭戏形式简单活泼，生命力顽强，以艺术的形式反映了辽南特别是海城地区的农村中广大劳动人民的生产生活习俗。海城喇叭戏以其情节的故事性、人物表演的形象性以及优美动听的音乐唱段赢得了当地民众的喜爱，这种娱己大于娱人的艺术形式，对于研究中国民间审美意识、欣赏情趣以及我国民间戏曲孕育形成的规律具有重要的意义。

海城苏氏正骨：技精艺进传三代，杏林飘香百余年

医药学是中国璀璨传统文化的重要组成部分，数千年来为守护国人的身康体健作出了巨大的贡献。中医骨伤科则是中国医药学中的一个重要门类，针对骨折、关节脱位等运动系统疾病具有独特的理论建构和治疗体系。在我国广袤的国土上，孕育着各具地方特色的流派，这些流派在口传心授的过程中，日益精进，不断成熟发展，成为享誉地方的传统中医。作为我国传统正骨四大流派之一的苏氏正骨就是其中一支重要的生力军，它原生于海城，经过百余年的发展，在三代人的不懈努力下，已然自立于骨伤科之林，璀璨夺目。

不为良相，便为名医

古言云："不为良相，便为名医。"从医，充满了光荣的梦想，融入了一代代人的血液里，以拯救生命、塑造健康的崇高理念，鼓舞和激励着投身于此的有识之士，也激励着苏氏正骨的创始人——苏相良。苏相良是地地道道的海城西柳镇苏家村人，他出生于一个当地较富裕的农民之家，自幼聪慧，曾读私塾数年，谙熟经书。他自幼目睹了广大劳动人民深陷病痛之苦，特别是本乡骨伤患

者无药可服、无医可治，以致丧失劳动能力，甚至终身残疾。他发誓要做一名为骨伤患者解除痛苦的乡间医生，14岁起放弃仕宦之途，专攻中医正骨之术。

海城附近没有治疗骨伤的名师良医，苏相良成医皆靠自学。他由于具有良好的古汉语基础，对中医经典和骨伤著作的学习和理解具有得天独厚的条件，加之自己的勤奋，数年内就读完了《黄帝内经》《金匮要略》《仙授理伤续断秘方》《医宗金鉴·正骨心法要旨》《伤科补要》《伤科汇纂》等大量专业典籍，并写下了不少读书笔记和心得体会，打下了坚实的理论基础。尤其是《医宗金鉴·正骨心法要旨》，归纳了"摸、接、端、提、推、拿、按、摩"正骨八法，这是后世正骨手法的基础，各种手法都是在此基础上形成的分解手法。苏相良自修4年后，18岁就开始了他的医学实践。在具体操作中，根据每种骨折的实际情况不同，同一手法也会产生不尽相同的差异，这就是"巧"之所在。苏相良在为患者服务的过程中，不断总结经验，并和自己所学理论相互印证，把这些经验升华成为自己的理论。在长期临床验证中，逐渐总结出一整套自己的治疗骨伤科疾病的方法，称之为"正骨四法"，即分神复位法、刚柔固定法、内外用药法和自然练功法。

苏相良这一套独特的治疗措施，疗效较佳，加之他高尚的医德，很快在海城城乡和辽南地区产生影响，大批患者慕名而来。他与家人在海城西关创立的相良正骨所接诊患者与日俱增，大有门庭若市、应接不暇之势。1953年，他为时任水利部部长傅作义治疗肩关节脱位，从此更是名声大振，海城苏氏正骨已然成为当地响当当的文化名片。

神手苏三，执念为医

在漫长的行医生涯中，苏相良深刻体察了广大群众受伤痛侵扰的苦恼，更加奋勉自励、勤于实践，以使自己的知识与前人的经验融会贯通，并努力把这些经验和正骨四法传授给其他人。苏相良摒弃"传儿不传女，传女不传婿"的陈腐观念，除亲授子女外还分批培养徒弟，其徒弟及后人至今仍分布于各地。在他众多的徒弟中，儿子苏玉新是最为杰出者。

父亲的言传身教，加上自己的勤奋好学，短短三年，苏玉新就掌握了苏氏正骨四法的全部技术要领和理论精华。在此基础上，他还自修了中医学院的全部专业课程和现代医学的"人体解剖学""生理学""药理学"，修习了内、外、妇、儿科的临床知识，成为名副其实的正骨医师。1965年，年仅23岁的苏玉新便正式出徒，开始了他自己行医治病的临床实践，这一实践就是50多年。

在半个多世纪的临床实践过程中，苏玉新在继承苏氏正骨四法的基础上，将自己的独特见解和创举融合其中，进一步发展了正骨四法。他把中医"精气神"的概念应用到分神复位法中，强调分神复位法除了转移患者注意力之外，还应加强推拿麻醉的作用，强调在人体经穴上进行点按推拿，以达到镇痛麻醉的作用，故苏玉新的分神正骨法又有"无痛接骨术"之称。苏玉新对刚柔固定法也有创新，将传统的4块夹板固定升级为7块，效果也十分明显和突出，以手法复位结合小夹板固定治疗骨折是苏玉新的专长，其整复手法具有快捷和灵巧的特点，被民间冠以"神手苏三"的美誉。另外，苏玉新对内外用药法和自然练功法也有独到的创见，使苏氏正骨四法得到了更大的发展

海城苏氏正骨参加全省非遗展示活动

和完善，特别是他在理论上对苏氏正骨四法进行了整理，使传统正骨四法有了坚实的理论根据，这也是苏玉新对传统正骨的最大贡献。

行医之外苏玉新其实也是一个成功的创业者和管理者，在他的脑海里，他和他事业上的一切都应该是最好的，医院要有个较大的规模，人才和设施条件是最好的，技术是最先进的。从1956年初仅是个体作业医生创办的联合诊所，到1958年的海城镇医院，再到1981年的正骨专科医院、1993年的创伤急救中心，以及计划中的辽宁海城正骨医学院，他以自己的大胆设想和实际行动更新着人们对"正骨工厂"的再认识。

专攻术业，承继发展

人们常说"伤筋动骨一百天"，要是骨折了，起码要卧床三四个月，治疗时"头悬梁、锥刺股、三月石膏苦"，可谓苦不堪言。用传统的苏氏正骨法与骨科外固定器完美结合，病人一至两周就可离床活动，骨头长好之后，把外固定器一撤，便可以正常生活，不用开刀就可以解决问题。苏氏正骨接收的疑难案例难以计数，正骨医生用自己的专业能力创造了一个又一个奇迹。

奇迹的背后，是苏氏正骨对专业知识的钻研和提升。深得苏玉新真传的苏继承酷爱中医接骨，也接受过中医正骨专业学习，十分注重传统手法的运用和研究。他严格遵循父辈"生命所系，健康之托"的从医信条，恪守"以病人为中心"的行医准则，以精湛的医疗技术、热情周到的服务、高标准的设施设备服务于广大伤病人员。出生于20世纪60年代的苏继承，当下的重要任务是带领全院上下实现苏氏正骨的"五大攀登"，即全面治疗骨关节及老年骨折病，实现手足外科、小儿骨科、信息网络现代化和骨科微创理念的应用，这也成为苏氏正骨在新时期的攻坚任务。而在此之前，"十年一飞跃"成为苏氏正骨自己给自己定下的任务清单——苏氏正骨实现了中医正骨技术的"五大进展"①"五大突破"②。

2018年，苏继承获评第五批国家级非物质文化遗产代表性传承人，在推动业务提升的同时，他也倾注更多的心血在苏氏正骨的传承与传播上。他延续爷爷辈的传承理念，不拘于家族内授业，而且面向在校大学生和正骨医师进行教学、传承、带徒，积极扩展和打造合理的苏氏正骨传承梯队，苏继承直接带徒64人，医院接纳实习、进修者千余人。传承之余更重传播，适逢非遗大展和非遗进乡村活动，苏继承总会派最大团队参与并亲临现场，以无私、不问条件的付出换得大众的切身体验。苏继承也带领骨干申报和承担国家、省级课题，申报专利和科技成果，并积蓄力量完成《苏氏正骨》《苏氏正骨精要》《骨伤难症百例》《苏氏推拿与临床》《骨伤科专病护理路径》等苏氏正骨的代表著作。在第三代掌门人的手中，海城苏氏正骨的招牌越发坚挺和耀眼。

医者仁心，悬壶济世，从20世纪跨入21世纪，已有百年历史的海城苏氏正骨正赶上自己的再一次飞越，从单一的正骨疗法向整体关联治疗跨越，从救死扶伤向以人为本的温暖服务跨越，从县城里的正骨医院向具有更高视野的知名大院跨越。继承不泥古，发扬不离宗，实现跨越的背后是对传统的坚守和推崇，愿这一支杏林瑰宝带来无尽春暖。

---

① "五大进展"包括从单纯骨折到多发骨折的治疗，从闭合骨折到开放骨折的治疗，从新鲜骨折到陈旧骨折的治疗，从四肢骨折到关节内骨折的治疗，从手法复位小夹板固定到穿针外固定治疗四肢骨折，等等。
② "五大突破"指颅脑、胸腹、泌尿系统损伤、显微外科和其他复合伤治疗的突破。

精雕细琢岫岩玉

辽东山区的岫岩满族自治县，与诸多地辖县不同，因"玉"——"岫岩玉"而驰名中外。作为中国历史上的四大名玉之一（其余三种为陕西蓝田玉、新疆和田玉和河南独山玉），岫岩玉因产于辽宁岫岩而得名，最早的玉名见自西汉《尔雅》："东方之美者，有医无闾之珣玗琪焉。"岫岩玉也是中国玉文化史上开发最早、最悠久的玉种。以此特色地域资源为依托，岫岩玉雕自也成为当地的特色行业和支柱性产业，是一张叫得响的特色名片。2006年，岫岩玉雕入选第一批国家级非物质文化遗产名录。

历史考证久远，素活工艺自成一派

岫岩玉出自远古，历史悠久，兴于当代，历久弥新。据考古资料和专家研究成果证明，岫岩玉矿附近的小孤山旧石器时代晚期遗址已发现用岫岩玉制作的石器，被学术界公认为中国最早用玉的实证。岫岩县郊及附近鞍山地区的新石器文化遗址出土有制作精美的玉制工具和装饰品。多数学者也认为著名的红山文化玉器，其玉料来自岫岩玉矿和细玉沟老玉矿。与红山文化并称为史前南北两玉文化中心的浙江地区良渚文化，其人面纹玉琮和兽面纹玉琮已采用"素活"工艺。

据岫岩县志记载，清末民初，岫岩城内形成了有名的玉石街，前店后铺，河南、河北甚至宫廷王府中的许多玉匠慕名而来，从业人员达300人，著名玉雕艺人被称为"八大匠"。这个时期岫岩玉雕传统工艺素活就有了一定的水平，虽没有精美的大件作品，但一些小的玉镯、玉杯、玉壶、玉炉已小有名气，此时期是岫岩玉雕素活工艺的成长期，当时的素活工匠以李德纯、李富最为著名，被称为"素活二李"。

新中国成立之后，到20世纪80年代，岫岩的素活工艺有了长足的发展，进入了鼎盛时期，主要得益于国家培养出了以玉雕工艺大师贺德胜为杰出代表的一代素活工艺设计者和雕刻艺人。他们继承和发扬了岫岩素活工艺的传统，提炼总结出了镂雕、透雕等工艺技法，加上原料方面的供应充足以及日本、东南亚市场的大量需求，岫岩玉雕的素活工艺发展到了一个从未有过的水平。贺德胜用毕生精力创作了许多素活玉雕精品，他先后设计创作了素活作品34件，带领职工创造的年产值占全厂的40%左右。1979年8月，他作为辽宁工艺美术界的代表，参加了全国工艺美术界代表大会，受到邓小平、叶剑英、李先念等党和国家领导人的接见。而后，他又被评为国家级玉雕工艺大师，此时的岫岩玉素活工艺在中国玉石行业独树一帜、技压群芳、闻名中外。岫玉塔熏《华夏灵光》就是这一时期的绝世作品。2002年，岫岩玉雕在国石评选中名列第一位。

切磋琢磨尽显技胜一筹

岫岩玉雕以素活见长，即以仿制秦汉以前的炉、瓶、鼎、熏等古器物为主，在国内玉雕工艺品中居于首位，其"活链""柔环"等工艺在手工的切磋琢磨中尽显技艺、独占鳌头。

"因料施艺"需要靠想象取胜。玉雕是一种想象的艺术，因料施艺是玉雕素活中的首要工艺，需通过作者的想象，注于玉石之上。玉雕的每部作品均需从料性、料色、形状等出发，最大限度地利用玉料，过去以小件为主，制品单一，数量有限。随着工艺的进步、技艺的提高，因料施艺的技能越来越高，作品更丰富多彩，玉雕的形状、大小、色彩等均为因料施艺而达到最佳的效果。

"剜脏去绺"挑战手上功夫。脏、绺是玉器制品中的大忌，剜脏即把玉中的杂质去掉，使玉更纯洁、明亮。玉雕大件难以找到通体皆无一丝杂质的玉料，要尽己所能剜脏，定其形状，根据其特征设计作品，最大限度地利用玉料。在作品的制作过程中，玉体或再次或多次显露杂质，呈现黑色或白色的米粒状杂质等，设计人员均要尽力处理掉或"遮住"。很多作品因剜脏而改变原定的结构，既去掉脏斑，又使其结构造型趋于合理，煞费雕玉者之苦心。绺即玉中之自然裂纹，没有一定的形状、方向和规律。岫玉加工在选料和琢玉中首先注重纹绺的处理，或顺绺锯玉或躲绺，去绺后根据料形进行设计。在设计后的雕琢中，亦多有再次出现纹绺的状况，需设计和做工者苦思冥想使其去绺改形，收到意外之效。

"化瑕为瑜"成就点睛之笔。瑕本为玉中之忌，然玉中难求晶莹剔透之碧玉，尤其在岫玉开采数百年后，珍惜岫玉资源、充分利用岫岩玉料，早已被玉雕专家们提倡，逐渐形成"化瑕为瑜"的雕琢工艺特点。使用化瑕为瑜的手法创作作品，不但不影响作品品质，而且使岫玉作品形象生动，增加逼真之感，达到普通玉料所达不到的效果。

"废料巧用"即提升资源价值，目的在于珍惜岫玉资源，降低作品成本，创造出与成品料同等价值的玉雕工艺品。对于不可再生的岫玉资源而言，"废料巧用"更是难能可贵。

"俏色巧用"体现物我合一，为岫岩玉雕界普遍应用。岫玉的玉色以绿色为主，有湖水绿、苹果绿、草绿及绿白等色，也兼备黄、黑、红、白等色。花玉为杂色玉，红、黄、墨、绿诸色聚于一体，色彩斑斓；细玉沟之老玉、石包玉、河磨玉玉色为墨绿，外包褐黄色之玉皮。岫玉丰富的颜色和玉质为岫玉制作中巧用俏色提供了良好的物质基础，亦使岫玉制品造型精美、形象生动逼真，给人栩栩如生、活灵活现的感觉。

工序循序渐进，精雕细琢步步为营

作为一项传统手工技艺，岫岩玉雕素活工艺有着烦琐的技艺流程，主要包括采玉、破料、设计、雕琢、光亮等。

采玉包括掘采和捞采两种形式。掘采一般沿袭旧式做法，采取露天开采的方法，后逐渐转入井下开采，捞采则涉及水中捞采和土中捞采。

破料，这是决定玉料利用率高低的关键工序。有经验的破料工，可使玉料利用率提高百分之五十以上。20世纪80年代后，引用金刚石圆锯片破料，大大提高了工效。

设计又称画活，一般由从事玉雕多年、经验丰富的专职设计师承担，设计师需根据料坯大小、形状、色泽，因料施艺。操作时需先在料坯上勾勒草样，先由雕工雕出雏形，设计师再进行二次设计，将雏形的各个部位用毛笔细细描摹，雕工再精雕细琢，如此循环往复若干次。设计师随时对雕工进行指导，也要根据玉料的内部情况，随时修改方案，直至布局合理，结构紧凑，形象逼真，色调和谐，

人偶菊花瓶

光泽晶莹。

雕琢指的是制作者在运用立体语言艺术的基础上，从玉料的正面、侧面、俯视面来把握玉雕造型的实际位置。如果能确定出玉雕素活造型的各部位在玉料中的实际位置，就能够确定出符合自己习惯的加工余量，对哪些体块的加工应当"吃线"，对哪些体块应当"放线"，哪些体块应当推落至多深，哪些体块应当扭转，都做到心中有数。透雕用于雕琢带有链、环等的玉器，加工难度大，稍有不慎即成废品。岫岩县玉器厂雕琢的玉环多者达六百余环，国内罕见。内雕工艺更为复杂，在一块玉料上雕琢里外二重或三重景物，使其景中有景，目前掌握内雕工艺者人数尚少。

光亮，是岫玉素活雕琢最后一道工序，为的是让玉件达到光滑、明亮、柔润的效果，提高作品的观赏性。传统的做法是以软木为磨具，先将雕琢后的玉器用柔石进行手工摩擦，去其粗痕，柔石大小、形状据玉件纹包饰大小而定。然后在水凳上用细金刚砂将柔石在玉件上的细痕磨去。随之再用360号金刚砂纸擦柔。以上操作的目的是将玉件磨光滑，不遗留痕迹，使其圆润。至此还不算结束，还需在水凳上（大件作品用蛇皮钻）用水牛皮轮（大小不定）带动氧化铬摩擦，加深玉件颜色，其后用清水冲洗，之后再用锅蒸件或灯烤加热，刷以川蜡，用布轮或布带擦亮，经如此多工序，整个作品才告竣。

凭借着手上的精湛技艺，岫岩玉雕匠人将玉雕技艺从过去传承至今。其别具地方特色的玉雕技艺，成为玉雕界人物、花鸟、动物几大类的发展之源、繁荣之基，其素活技艺平衡、稳重，作品比例匀称、圆润光滑，纹饰古朴、典雅、华贵，将传统文化之美体现得淋漓尽致。岫岩玉雕作为中华优秀传统文化的组成部分，一路走来凝结了丰富的中国美学和民间智慧，必将在文明长河中更加熠熠生辉。

岫岩翠玉花熏

满族人家的"纳花绣朵"

地处辽东半岛东部的岫岩满族自治县，是全国满族人口最多的县。这里物华天宝、人杰地灵，民间艺术底蕴深厚、享誉中外，是名副其实的民间艺术之乡。在诸多艺术形式中，岫岩满族民间刺绣更具特色，作为一项传承了400多年的传统民间手工技艺，岫岩满族民间刺绣兼具现实实用性和艺术审美性，2008年岫岩满族民间刺绣入选第二批国家级非物质文化遗产名录。

手中的针线从未停下

民间刺绣，可谓历史久远，究竟出现于何时，已难考辨。但最早从汉墓中出土的各式织品就有了贴、补、绣的饰样，可以看出那时已出现了刺绣的雏形。明末至清，刺绣工艺在民间大为流行，四大名绣便是在此基础上发展起来的，它的鼎盛时期当在清以后。

满族人入主中原前，是北方的一个以狩猎为生的游牧民族，女人们出于自身审美的需要和受中原文化的影响，已不满足于用颜料在衣、物上点缀花鸟图案的做法，而改用五彩线在衣物上刺绣一些仙、神、飞禽、走兽、山石、花鸟或寓意吉祥的图案，以此自我观赏、消灾辟邪，这些绣上的图案远比颜料耐磨、结实、美观、实用。

刺绣肚兜作品

由此，实用性催生了刺绣范围从小件饰物逐渐向日常必须用的衣、袄、裤、帽、鞋等发展，并逐渐传入宫内，久而久之，形成了五彩缤纷的满族民间刺绣文化。

满族女人多是耕织多面手，特别是岫岩的满族女子，婚前如果不会刺绣，嫁人是很难的。大多数满族人家都必须让姑娘婚前学会这门手艺，也使得她们大都17岁上撑子（亦称"挣子、绷子"）学习刺绣，准备嫁妆。大多数满族女人都是刺绣的行家里手，绣品中最多的当属枕头顶，婚后可送给婆婆、小姑、妯娌。由于近400年来他们一直处在满族与汉族及汉族以外民族文化交汇、融合的前沿地带，勤奋耕耘，博采众长，从不停下手中的针线，于是刺绣的手法不断地提高、更新，一代一代传承至今。

刺绣针法越发细腻

相比于中原的苏绣、蜀绣、广绣，岫岩满族民间刺绣起步晚，历史短，但它吸收众长，依然保持着源于民间、植根民间、取自生活、服务生活的传承动力，其刺绣针法和技法越发细腻，在长期实践中也有了自己的归纳和总结。在此之前，尚没有人对各种绣法、针法进行严格的界定分类，一般以民间习惯称呼、叫法为准，有以下几种：扎绣、缎绣、割绣、补绣、包绣、编绣、滚绣等。

扎绣。亦称"纳绣、戳纱、纳纱"，为岫岩方言，一般在白纱、丝网之类的面料上进行，针法为面进背出、背进面出，类似于纳布鞋底的方法。由于纱、网之类的面料纵横分明，按方格子即经纬线走针，所以扎出的图案多呈几何图形，中规中矩，装饰味极浓。

缎绣。顾名思义就是在缎面上刺绣，因为缎面布料花样繁多，面料蓬软，这就要求适当地选用彩线，根据需要选用针法。岫岩缎绣的针法主要为落针、锁针，走针时从外向胸前方向走，并配以套针、抢针、乱针的手法绣出各种图案。缎绣的针法较多，表现力丰富，适应绣各类题材的作品，绣品色彩斑斓、花样繁多，是岫岩满族民间刺绣的主要绣法。

割绣。此技法不大讲求刺绣的用料，但面料应比较坚挺、厚实，需把两块面料的面紧贴在一起上在撑子上，然后用扎针的方法正反面走线，同时根据画面需要不断变换各色彩线，针脚尽量紧靠在一起，并适当掌握彩线的松紧度。扎好后，用宽刀从两块刺绣中间将彩线均匀割断，即成左右对称的一对绣品了。这种方法绣出的绣品荤素得当、细腻厚重，有美术中套色木刻或摄影中色调分离的感觉。

补绣。亦称"贴绣"，是用绸、缎或其他面料剪成形状各异的图案，一块一块有序地布置在绣织物上，然后用针和彩线钉或补在面料上。还有一种方法不用剪，需用钩针勾织出各式单色图案，然后缝在面料上。补绣的针法不穿透面料，这种方法做成的绣品色彩对比强烈、色块分明、质朴大方、主体感强。

包绣。也称"垫绣"，是用厚纸或其他稍硬一点的面料做成各种图形，厚度根据需要而定，然后以各色花线用纳绣或扎绣的手法将这些图案块包围向内绣好，绣出的绣品图案深浅不一、凹凸有致、形象鲜活、写实逼真，特别适宜表现绣品中的画龙点睛之笔。

编绣。离不开"编"字，其针法主要使用长针，刺绣时先将图案用笔或染料画好，然后用马蹄针之类的长针（为了方便走线）走线。针码很大，进针时一个针眼，出针时针眼连成一片，进针端彩线厚成一点，出针端彩线散成一排。这种方法使绣品呈放射状的梯形、扇形，因而排列组合简洁，韵味独特，别具一格，令人耳目一新。

民间美术法则融会贯通

满族民间刺绣一般在满族人日常生活中所用的布、丝、缎、绸制品上进行，如绣花衣、绣花袄、绣花鞋、绣花套裤、绣花帽。此外，民间日常生活中的荷包、烟口袋、桌围子、腰裙子、钱裙子、披肩、绑带、枕头身、枕头顶、床罩等物品也都必须进行装饰，尤以枕头顶刺绣数量大、范围广。聪慧的满族女人经年累月，在这些实用性物品上刺绣一些精美的图案，不断地在衣物上纳花绣朵，大做广泛的艺术耕耘，使满族民间刺绣得到了良好的传承。

融入日常生活之中的岫岩满族民间刺绣，以纱或缎织物为主，家织布次之。刺绣题材花样繁多，或呼应对仗，保证立意的完整；或左绣青龙，右绣白虎；或用割绣法使左右完全一样。造型、构图非常讲究，延续了我国传统的"层层剥皮，疏密相间，疏能跑马，密不透风"的民间构图法则，图形中点、线、面有机配合，三角、菱形、方、圆交替穿插，看得人眼花缭乱。

通览满族民间刺绣题材，大都打下了深深的时代印记，或触景生情或借物言志，花鸟鱼虫、山水神仙等尽为表现对象。手法上不拘一格，借方寸之地展示想象空间，大不过半尺，却揽尽人间万象。形式上或粗犷豪放、泾渭分明，大红大绿对比强烈，或细腻朴实、缠软绵长，蛛丝马迹纤毫毕现。针法上，针行龙蛇，行云流水，套针、抢针、乱针、长针各显其能，锁针、落针、扎针、纳针结合并举，同江南名绣相得益彰。

　　岫岩地区的满族民间刺绣，展现了满族先民古朴的民风习俗和满族女人们的智慧，她们以针为笔，以线代色，描绘了史诗般的瑰丽画卷，传承了清新雅致的手上技艺。

"评书之乡"说评书

鞍山，素有"评书之乡"的美称，从清咸丰十年（1860）算起，鞍山评书迄今已有160多年的历史。百年间评书艺人众多，名家辈出，评书书目逾百部，尤其随着鞍山钢铁公司的成立，产业工人数量加大，吸引了很多书林艺人前来鞍山一展书艺，鞍山也就成为东北评书的重要基地之一，鞍山评书艺术也传播至全国众多省市。2008年鞍山评书入选第二批国家级非物质文化遗产名录。

三阶段：见证鞍山评书发展历程

纵览鞍山评书的发展，归纳起来有"茶社剧场评书""广播电视评书""出版发行评书"三个重要阶段。"茶社剧场评书"，顾名思义是艺人在茶社表演评书的开始阶段。解放初期，鞍山的评书演出场所遍布市区，特别集中在产业职工居住区。由于当时产业工人的文化需求不高，加之当时还存在大量的文盲、半文盲，因此，走进茶社品茶、听书，便成为产业工人文化生活的重要构成。尽管只能原原本本地按着传统的老套路进行演出，但评书这种艺术形式却逐渐兴旺起来。评书与当时竞相生辉的京韵大鼓、东北大鼓、西河大鼓、相声、二人转等艺术种类并存，形成了相当繁荣的局面。

20世纪50年代至70年代，在党的双百方针的指引下，鞍山评书艺人杨田荣开始在茶社和电台说新书。说书与听书，实际上多年延续了一种定式：说书的喜说古人事，听书的爱听历史调。评书内容几十年来以历史题材为主要内容，而杨田荣则通过多年探索，由失败到成功，终于将新书列进了评书的目录中，从《新儿女英雄传》《三里湾》《铁道游击队》到《沸腾的群山》《激战无名川》，杨田荣在电台录制和播放了50余部新评书，他也被誉为辽宁曲坛上的"新书老将"。在杨田荣的影响下，20世纪80年代至90年代，鞍山地区形成了"三芳争艳"的局面，刘兰芳、单田芳、张贺芳等先后在电台、电视台录播了《岳飞传》《明英烈》《隋唐演义》等多部评书。

新中国成立以来，鞍山评书进入"出版发行评书"阶段，当时勤奋的鞍山市曲艺团作者们十分注重搜集、整理、改编、创作评书本子。1981—1989年，已分别在春风文艺出版社、河南人民出版社、山西人民出版社等全国多家出版社出版了《岳飞传》《杨家将》《明英烈》《包公案》《白眉大侠》等40余部长篇评书，为鞍山评书打下了坚实的文学和理论基础，也进一步提升和扩大了鞍山评书的社会影响力。

一折扇一醒木：叙说言表在一人

早期评书的表演形式，为一人坐于桌子后面，身着传统长衫，以一把折扇和一块醒木为道具，说演讲评故事。至20世纪中叶，评书已发展为多不用桌椅及折扇、醒木等道具，而是站立说演的表演形式，衣着也不固定为专穿长衫。表演时表演者以第三人称的叙述和介绍为主。

传统的表演程序一般是：先念一段"定场诗"，或说段小故事，然后进入正式表演。正式表演时，以叙述故事并讲评故事中的人情事理为主，如果介绍新出现的人物，就要说"开脸儿"，即将人物的来历、身份、相貌、性格等做描述或交代；讲述故事的场景，称作"摆砌末"；而如果赞美故事中人物的品德、相貌或风景名胜，又往往会念诵大段对偶句式的骈体韵文，称作"赋赞"，富有音乐性和语言的美感；说演到紧要处或精彩处，常常又会使用"垛句"或曰"串口"，即使用排比重叠的句式以强化说演效果。在故事的说演上，为了吸引听众，说书者把制造悬念以及使用"关子"和"扣子"作为根本的结构手法，从而使其表演滔滔不绝、头头是道而又环环相扣，引人入胜。表演者需具备多方面的素养才能做到这些，好比《西江月》所说的那样："世间生意甚多，惟有说书难习。评叙说表非容易，千言万语须记。一要声音洪亮，二要顿挫迟疾。装文装武我自己，好似一台大戏。"

评书的节目以长篇大书为主，所说演的内容多为历史朝代更迭、英雄征战和侠义故事。至20世纪中叶也有篇幅较小的中篇书和适于晚会舞台演出的短篇书，但长篇大书仍为其主流。现在流传下来的传统评书，汇集了人民群众的智慧，既是历代评书艺人的心血结晶，也是群众性的艺术创作成果。它通过"册子"（一部书的详细提纲，也称"梁子"）和口传心授的方法流传下来。不同流派、不同演员对一部书的人物塑造、情节安排等，有不同的处理方法，尤其在"评议"方面，因人而异，具有很大的可变性。评书艺人既是演员又是作者，他们的表演过程，往往就是精心构思和不断创作的过程，这正是口头文学的特点。

国家级代表性传承人刘兰芳说评书

国家级代表性传承人单田芳登台表演评书

四字特色："豪""紧""动""热"

"豪"指刚豪的风格。有人把鞍山评书各家的表演特色分为"端、豪、迈、怪、默、帅"六种风格，豪放刚健并不仅限于表演，也是鞍山评书的总体风范。书目内容多为金戈铁马、豪侠义气，而少见儿女情长、凡夫小事；评书语言纵横古今，奔放热烈；叙述说表不拘细节，干净利落；悬念设置紧张激烈，大起大落。

"紧"指扣子紧，进展快。鞍山评书在书的开头，简练交代书情，平稳铺垫之后，即开门见山进入情节，说表不卖关子，紧紧抓住主线，不轻易节外生枝，敢于割舍游离主题的枝节，书情进展得快。尤其电台评书节奏更快，评书演员按电台录书要求，每半小时就留下一个书扣，久而久之，他们的评书就形成了悬念频出、环环紧扣的特点。

"动"指动态刻画。评书在描述环境景物、刻画人物心理世界时，极少用冗长静态的分析，而多用人物外在的动作语言来表现。尤其是鞍山评书结合了现代评书很少使用辅助道具甚至书台来扩大舞台表演区域的特点，尽量增加"现身说法"的成分，力求塑造生动鲜明的人物形象和富有戏剧性的情节吸引听众。把表演部分扩展到全身，强调手眼、身段、面部表情在表演上的和谐一致，便于表演书中富于戏剧性的情节，展示人物之间的行动关系和完整的武打场面。另一方面，评书充分利用声音造型区别人物，通过模拟声响渲染气氛。为适应电台评书的特点，演员在继承传统评书的基础上又有发展，如借鉴戏曲行当的声音造型，恰当地运用"怯口"（倒口）、口技等来区分人物。

"热"指喜悦热闹回目。鞍山评书结构比较单纯，突出主线，即"一根筋"，紧密围绕回目来说。如单田芳口述本《明英烈》与南方评话《英烈》不同，开头省略了朱元璋放牛、当和尚、七兄弟结拜等身世，以"七雄大闹武科场"开书，一开头就把主人公推向矛盾之中，紧紧抓住了听众。

　　作为一种曲艺艺术，评书蕴含丰富的历史知识，中华民族的民族意识、民族自尊与爱国观念等丰富内容，曾在人们的文化生活中起过巨大的作用，深深地陶冶了一代又一代人的文化情操。如今的鞍山评书依旧不需要华丽的布景、繁杂的道具和很强的音乐伴奏，其主要表演手段是"说"，只靠人的一张嘴就能把各种人物和故事说得栩栩如生，让观众流连忘返且雅俗共赏。传统的评书仍以其独有的"评古论今、说书言表"的艺术魅力吸引和征服越来越多人沉醉其中，不能自拔。

琥珀雕刻：
穿越千年的技艺对话

世界五大琥珀产地之一；

全国首家制定琥珀行业规范标准；

全国首个国家级非遗项目琥珀雕刻博物馆；

全国率先将琥珀雕刻纳入研究生、本科、中专专业人才教育体系；

全国唯一一名琥珀雕刻省级工艺美术大师；

…………

这是我们国家级非遗名录项目，琥珀雕刻近些年来所创造的骄人成绩。成绩的背后，必然是行业带头人、领头人、参与者共同努力的结果，那么来自抚顺的这样一项国家级项目，到底深藏着哪些魅力呢？

历史记忆"双和兴"

我们都知道，琥珀是数千万年前的树脂被埋藏于地下，经过一定的化学变化后形成的一种树脂化石，透明如水晶，光洁赛玉石。琥珀雕刻师傅根据琥珀原料的大小、形状、颜色等天然特征，经过匠心独运的设计，将其精心雕刻成各种琥珀工艺品。

据《百年煤雕》和《抚顺琥珀》二书记载，清光绪二十九年（1903），祖籍河北的木雕艺人赵昆生、赵景霖兄弟发现琥珀的可雕性，便与另一个木雕艺人张佰孝合作成立了第一家专门从事琥珀雕刻、销售的商号"双和兴"。后来逐渐收徒、传艺，培养了20余名学徒，"双和兴"成为当时规模最大的琥珀雕刻作坊，三人也成为抚顺琥珀雕刻的一代宗师，雕刻技艺传承至今。

精雕细琢看真章

在中国古代，琥珀曾被称作虎魄、育沛、兽魄、顿牟、江珠、遗玉等，谓"虎死精魄入地化为石"，还有的认为琥珀是老虎流下的眼泪。这些传说蕴含着中国古人对琥珀形成原因的揣测和追寻，揭示人们认为琥珀有趋吉避凶、镇宅安神功能的原因。对琥珀的雕刻，可谓饱含着民众的生活智慧。

抚顺的琥珀雕刻制品以琥珀雕件为主，具有体积小巧、做工精细、层次分明的特点，主要有人物雕件、动物雕件、素活、手把件等，还包括首饰雕件、烟嘴、印章、鼻烟壶、胸针等。其雕刻技法主要有圆雕、浮雕、透雕三种，在造型设计和雕刻技巧方面借鉴玉雕和煤雕，并加以改进和创新。例如《海棠花熏》学习玉雕素活中的造型设计，采用青铜器中夔龙纹的雕刻图案，将各种技法融为一体，令整件作品显得玲珑剔透、典雅华贵。

制作一件抚顺琥珀雕刻品需经过采料、选料、切皮、造型、破荒、倒角、铲活、走刀、抢细、磨光、钻眼、锉孔、磨形、穿珠、内画、镶嵌、抛光、清洗等数十道工序，工艺流程极为复杂。因琥

龙纹杯

珀易碎，所以除刀外，艺人还自制了一些微型加工工具进行精雕细琢，技巧讲究稳、准、狠。抚顺琥珀雕刻工艺中还有一种特殊工艺——镶嵌。镶嵌大多是将琥珀镶嵌到金银、象牙、首饰盒、煤精雕刻品等器物上。工艺看似简单，却是整件作品的灵魂。做好了是画龙点睛，做不好则画蛇添足。只有技艺高超的琥珀雕刻艺人才有资格胜任镶嵌工艺。

不负众望为传承

非遗传承、坚守手艺，重在人才培养。琥珀雕刻的大师级人物更加看重后继人才队伍的壮大，琥珀雕刻的领军人物范勇、省级代表性传承人分别在自己力所能及的范围之内，散发着自己的光和热。

2015年，范勇在抚顺当地的综合性大学辽宁石油化工大学的艺术设计学院设立了琥珀雕刻非遗保护本科课程，目前已经毕业的两届学生合计35人，并于2017年经国家批准设立了该方向的艺术学硕士授予点，目前已经培养硕士研究生两人，在读硕士研究生五人。2018年，省级代表性传承人陈焕升与抚顺市现代服务学校正式签约，以三年为限，通过非遗代表性传承人的传艺带徒，在职业技术学校培养琥珀雕刻的青年专业人才。

1980年出生的陈焕升其实是从自己的真实经历出发开班授徒的。他觉得十四五岁的孩子亟须树立正确的价值导向和职业素养，唯有掌握了一技之长，将来才能"实现自己的人生梦想，体现自己的人生价值"。路都是一步步走出来的，技也是一天天磨出来的。陈焕升与学生从做朋友开始，生活上有问题帮他们解决，技艺上有缺陷帮他们一点点改进、提升。学校给了他们"现代学徒制"的名分，

三足双耳炉

他就把握住每一次的亲密接触，他都是前一天晚上备课到凌晨，当天也是早早地就到了教室，检查每一台设备，备好每一块原料。他还让自己的3个得力徒弟，跟随自己到课堂上进行教学辅助，机器一转动，学生的安全性需要保障；另一方面，也为了让每个学生有更多的一对一学习的机会。他的良苦用心被学校和学生记在了心中，陈焕升师徒的课程是最受学生欢迎的实训课。

陈焕升坦言，他现在所做的，一方面是基于当年自己欠缺的，在他有机会当老师的时候，他要给自己的学生补上；另一方面，是基于一位省级非遗代表性传承人的责任，传承人意味着重在传承，要不遗余力地将自己的手艺传续下去。而且有好手艺可以过好生活，如果可以让这几个年轻人以一手好技艺谋生，他乐见其成。

如今的琥珀雕刻有了自己的阵地——博物馆，有了自己的行业标杆——地方标准，也有了一批稳定的传承人——在学者。一步一个脚印走到今天的琥珀雕刻，正在散发着其独有的艺术魅力。一群人的努力，换来了市委、市政府的高度重视，形成了《关于发展琥珀（煤精）产业建设"中国琥珀之都"的实施意见》，使抚顺在东北全面振兴和城市经济转型方面有了新的动力。琥珀雕刻对当地行业的带动、对城市发展的促进作用日益凸显。琥珀雕刻，正成为一个城市的骄傲，也成为一代人努力奋斗的方向，在将来，这光和热必将辉煌璀璨。

煤精雕刻：
从矿产资源到文化名片

抚顺曾以"煤都"著称于世，区域内煤田分为五大煤矿，其中只有西露天矿（亚洲最大的人工矿坑）出产煤精。一个城市的特有资源和一项倚重这一资源而产生的独特手工技艺，纷纷获得好评，其中缘由如同一件件黝黑的作品一样，低沉且深邃。

作为复杂混合物的煤精资源

搜索煤精的定义，是一些拗口的化学物理名词，若将其纳入历史发展时间线索，可看成是漫长历史进程中经过优胜劣汰发展规律筛选出的自然结晶。数千年乃至数亿年前，地球上的大量硬质树木受地壳变迁运动的影响，被埋进了海底或者湖泊沼泽的泥质沉积物中，在缺氧的条件下，这些硬质树木受到地下压力和温度的共同作用，分解后的碳和多种有机物与无机物混合便形成了煤精。今天的人们仍可以在煤精原石的样品中看到原始木头构造的痕迹。

世界上煤精产地有多处，但产量并不多，其中可用于宝石制作的质量占优者更是寥寥可数，主要有英国约克郡怀特比沿岸地区，法国的朗格多克省，西班牙的阿拉贡、加利西亚、阿斯图里亚斯等地区和中国的抚顺。其中英国怀特比地区发现的煤精的形

煤精雕刻所使用原材料

成于一亿八千万年前，属于侏罗纪早期的托阿尔阶。而抚顺地区的煤精形成于距今5000多万年前的古近纪始新世早期，极少的一些煤精原料仍保存着树木的形状，有的还可以看到明显的树质年轮线。

大多数煤精原料类似煤块，但拿到手时却比同等大小的煤块轻许多，且断口处呈贝壳状。作为雕刻原材料的煤精要求极高，需色黑、无裂纹、无杂质、光泽强、密度高。抚顺出产的煤精质地光滑细腻、密度高、韧性好、有凝胶质感，是优质煤精原料，能工巧匠们发现了抚顺煤精的这些独特优势，百余年来利用精湛技艺使黝黑的煤精大放异彩。

从"木雕"到"煤精雕刻"

沈阳新乐遗址是一处距今有7000多年历史的新石器时期聚落遗址，在其出土的古村落半地穴式遗迹中，便有煤精制品，如煤精泡、煤精珠、耳珰形器等。经有关部门鉴定，其原料则是来自抚顺西露天矿的煤精。这不仅证明了抚顺煤精雕刻久远的历史，同时还为考古研究提供了较为科学的依据，证明了抚顺煤资源的利用方式，最早不是燃烧，而是雕刻。

千年历史无法言说，可珍贵历史遗存中流露的却是历代先民的智慧创造。若是遵从非遗有据可查的活态传承谱系，则可探究至清光绪年间，彼时河北省深县（今深州市）赵家一门四男，分别掌握了"细木匠"和"粗木匠"的雕工，包揽了楼台亭阁的雕刻与修葺、制作车马犁杖等农具用活的大小工作。精湛的手艺很快在奉天（今沈阳）故宫凤凰楼的大修中找到了用武之地，并从此在奉天扎下根，

省级代表性传承人吴鹏在雕刻煤精作品

专做木雕活，各色商号门脸、牌匾均制作得精美、阔气、讲究。

彼时抚顺的千金寨还是一个因煤而刚刚兴盛起来的商业区，赵氏兄弟将雕刻技艺东移，在这里安营扎寨，在生活中无意发现了煤精的材质与众不同，便将木雕技艺用于煤块的雕刻上，所制作的烟盒、烟嘴、笔筒之类的实用物品颇受欢迎，快速吸引了一大批受众。赵氏兄弟触类旁通的这一创举，或许他们自己都未曾想到会接续传承一个多世纪。而煤精雕刻沿用至今的用斧子"砍大荒"（砍造型）的方法，便是对赵氏兄弟的永恒纪念。

"双和兴"奠定了煤精雕刻的行业基础

市场决定出路，由于煤精制品得到了人们的喜欢，抚顺地区便出现了专门从事煤精雕刻的手工作坊。历史上第一家专业做煤雕的作坊便出现在千金寨，是由赵氏兄弟与来自山东的木匠张佰孝合伙开办，定名"双和兴"，取意赵、张两家合作生意兴隆。事实也不负众望，"双和兴"的产品类型、生产规模一直遥遥领先。20世纪20年代中期，"双和兴"已经成为拥有十几间厂房、几十名煤雕艺人、可实现批量生产任务的老字号。其中刘东坡、郭义、孙瑞云等从事了一辈子煤雕技艺的手艺人，后来也都成为煤雕行业的骨干力量，而由他们带出来的年轻的一代传承人，至今已经传承到了第七代。

虽然煤精雕刻技艺经历了一个多世纪的传承，但是精湛的技艺却越发光彩，而这也成了煤精雕刻的精髓所在。选、砍、铲、走、抢、磨、抛、滚、擀、剁、刨、钻、搓、清、上等，均是雕刻技艺和技法的经验总结。其中铲活贯穿整个雕刻过程中，作品的面部表情、动作、线条流畅与否以及精细程度都在铲活的把握中。滚刀法是在动物雕刻中常用的技艺，以煤雕马为例，需先使用平铲、圆铲刻画出烈马粗犷奔放的动势，再将表面处理干净，将其肌肉四蹄打磨抛光，而鬃毛及马尾无须抛光，需使用圆铲配合粗齿木锉，按照马的造型动态规律，蹚出鬃毛和马尾的飘逸，进而使得雕刻出来的奔马栩栩如生，增强作品的真实感和观赏性的同时，也突出了动感，使静态的雕刻如奔跑一般。这一雕刻技艺运用到短毛动物的雕刻中，会使作品更加活跃和逼真。活刻刀法是人物雕刻中的常用技法，使用圆铲能准确、传神地表现出人物的五官、鼻梁、眼窝、嘴角、唇线以及神态，活刻刀法还能把人物服装的衣纹、曲线、动态、弯度、摆度、飘度顺畅自然地表现出来，使人物的形体姿态优美自然，看上去比例关系舒服正确，似有传神之效。

　　煤精雕刻的难度首先在于对其原材料硬度的掌握，因其硬度不及玉料和石料，稍一不慎或者刀法不够娴熟就容易造成崩碴，这样就破坏了整体造型，从而造成无法弥补的损失，甚至造成废品。煤精雕刻的另一难点在于颜色的平衡，煤精原料为单一的黑色，如何使用单一的色彩制造多样化的视觉体验，这是摆在煤雕艺人眼前的一道难题。解决这道难题的关键，则是对亮光、亚光的充分运用。还是以马为例，马的鬃毛和马尾使用滚刀法雕出动态，不抛光，而马身部分全抛光或使用亚光，就使奔腾的骏马有了灵性，更加栩栩如生。

　　如今的煤精雕刻早已突破了早期生活日用品的范畴，如同各式各样的煤雕马一样，策马扬鞭，向艺术性和审美性迈进。曾经"雕煤块不如去要饭"的行业窘境虽没有出现急转向好的势头，但仍有一批中青年人士参与到这一传统手工技艺的传承与传播中，向更多人讲述一座城市特有的乌金文化故事。

辽东山区的烂漫之花

在抚顺地区流传着一种独具民族风韵的民间舞蹈——抚顺地秧歌，它的表演火爆、矫健、粗犷、豪放，被誉为"辽东山区的烂漫之花"。2006 年，抚顺地秧歌入选第一批国家级非物质文化遗产名录。

抚顺地秧歌历史悠久，据杨宾所撰的《柳编纪略》记载："上元夜，好事者辄扮秧歌，秧歌者以童子扮三四妇女，又三四人扮参军……"另据该书卷五诗集中《上元曲》的第三首描述："夜半村姑着绮罗，嘈嘈社鼓唱秧歌。"由此可以推断，秧歌早在明清之际就已在东北各地广泛流传，后在长期的演变过程中，秧歌不断地融合满族文化习俗，又吸收了关内移民带来的中原民间舞蹈元素。

1934 年出版的《奉天通志》中记载："按今之秧歌与此微异，大抵前导者反穿皮褂，斜披串铃，手执长鞭，前行开路（即'克里吐'）；继其后者为一参军，靴帽袍褂，挎腰刀（即'鞑子官'）……"这段材料说明，此时的秧歌已经基本具备今天抚顺地秧歌的雏形。

产生之初的抚顺地秧歌，一般在征战胜利、丰收之际、年节喜日时表演，后随着战事稳定，成为深受百姓喜爱的传统民间舞蹈，主要在每年农历正月初一至二月初二期间表演，其中正月十五的灯节前后是表演活动的高潮。如今的抚顺地秧歌已经融入人们的日常生活，每逢重大节日、喜庆日都会有热闹的地秧歌助阵喝彩。

抚顺地秧歌又称"太平歌"，俗称"鞑子秧歌""老鞑秧歌"，原因是秧歌队伍中有个重要角色——满族官员，民间称"鞑子官"，有的地方称"里鞑子""大老爷"。鞑子官为旗装打扮，作为舞队领队，"鞑子官"指挥队员走阵，以示八旗制度中的兵民合一。鞑子官与仅穿皮袄、斜挎串铃及各种生活和狩猎器具的"克里吐"（俗称"外鞑子"。"克里吐"在满语中意为指牛头马面蛇尾之异兽，其存在是为表现狩猎的场面，久而久之形成固定人物，他负责挥鞭打场，维持秩序）成为队伍中的两员核心大将，其表演以一臂于前、一臂于后、大伸大展为主要特征，以上身晃动、下身屈膝、双脚交错、大起大落为基本动作，这些动作多源自骑马、射箭、战斗之类的满族生产生活的原始状态，也有的是模仿鹰、虎、熊等动物的动作，其中多有传统舞蹈的元素。此外队伍中的主要人员还有拉棍的、压阵的、上装（女性角色）、下装（男性角色）、巴图鲁等。

旧时表演时，秧歌舞队集合后首先去拜庙，即到本村界内大、小庙宇参拜。遇大庙，舞队进入庙内表演；如遇小庙，则在庙前表演。随着拜庙习俗、村口迎客队习俗的逐渐消失，目前的秧歌队一般在指定的宽敞平坦场地集合并表演。一般由鞑子官前导领路，拉棍跟随其后，上、下装左右排成两行，其他角色穿行其间。入场后秧歌队先拜茶桌，即表演场地正前方设一张高桌，桌上摆放茶水、糖果等食品，主持人（主人）站在茶桌两旁。秧歌队在茶桌前排列整齐，行满族礼，反复三次，俗称"三拜茶桌"。拜茶桌后，鞑子官表演"见礼"——卡肩礼、对膝礼、抱腰礼。克里吐长鞭打场后，鞑子官率队"走阵"，或曰"走大场"。这是满族秧歌表演的重点段落。"走阵"的阵图多达30余种，主要的阵式有六合阵、南天门八卦阵、八卦阵、十字阵、蛇蜕皮、八面阵、五股穿心阵等，每场只表演二至四种。阵式进退有序，极富征战气息。

在2010年全国第五个"文化遗产日"辽宁省非物质文化遗产展示活动中，
抚顺地秧歌展演人员表演《萨满舞》

走阵后，由上、下装圈场，即男女排双行走大圈按逆时针方向行进。圈场后，转入双人即兴对舞，称"二人场"。上、下装盘旋作势，更迭起舞。舞蹈由慢到快，克里吐、老太太等角色从中穿插，二人场在高潮中刹住。这时由巴图鲁表演征战、狩猎等场面，将表演推向高潮。最后，由满族官员率队高呼"巴图鲁"（满语中意为英雄），再致满族礼，对主持人（主人）和观赏的群众表示感谢。而后，可以再走阵，再圈场，反复多次，尽兴方休。

抚顺地秧歌的舞蹈动作可概括为"扬、蹲、盘、跺、摆、颤"。"扬"指双臂的动作，特点是幅度开阔、舒展奔放、大伸大展；"蹲"是男性下身半蹲动作，有"拉蹲步""蹶达步""七山步""勒缰步""蹲裆步"等基本姿势，造型稳健，便于转动；"盘"多指男性双手展开，上身左倾右拧，下身低蹲起伏，女性盘旋作势，眼看右下方，双肩耸动；"跺"是腿的动作，有"跺嗒步""双脚跺步""单脚跺步""蹶达跺"等，有烘托气氛之用；"摆"指女性腰部、胯部的灵活摆动，有"大摆腰""小摆腰"之分，增强舞姿的表现力和美感；"颤"有双肩的耸动、脚膝的踮踏、头部的摇晃、手持扇绢的摆颤，意在细微处表达内心的美感，使舞姿处于流动状态。

抚顺地秧歌是满族早期渔猎生活和八旗战斗生活的真实写照。其伴奏音乐是在满族萨满跳神的打击乐的基础上发展形成的，乐器有大鼓、大锣、大钹、中钹四件，采用民间祭祀跳神时所持抓鼓（或单鼓）的打法，以"老三点"的锣鼓点贯穿始终。后来，由于满汉杂居，抚顺地秧歌引进了唢呐等乐器及汉族秧歌的曲牌。鼓手也改为双棒打法，鼓点由简到繁，增强了抚顺地秧歌的感染力。

抚顺地秧歌的两名省级代表性传承人——袁贵林、巴恒金，目前是两支最为活跃的秧歌队的会首。已年过半百的袁贵林，是抚顺八旗风秧歌艺术团团长，他自幼喜欢地秧歌，曾专门向满族秧歌艺人沈同超学习下装表演，逐渐形成粗犷豪放、矫健英武的表演风格。多年来，袁贵林积极致力于抚顺地秧歌的保护和传承工作，从2004年建团至今，已培育和发展地秧歌艺人50余人。而身为"80后"的代表性传承人巴恒金，则属于年轻的秧歌传承人，他出生在抚顺萨尔浒的一个满族村落，父亲会打鼓，大爷跳反串，从小耳濡目染的他五岁就学会了跳满族秧歌而且常年坚持。至今，扭秧歌仍被他视为生活中最重要和最乐呵的事。除了带队员，他还坚持到新宾当地的满族小学向小学生传授抚顺地秧歌表演技艺。巴恒金说，他现在最想做的事情，就是竭尽全力教更多的孩子学会本民族的舞蹈，让这项珍贵的传统文化后继有人，让这朵绚烂的"烂漫之花"常开不败。

紫霞堂里说制砚

作为文房四宝中浓墨重彩的一宝，砚台的材料丰富多样，包括端石、歙石、洮河石、菊花石、红丝石，常见类别包括陶砚、铁砚、玉砚、瓦砚、瓷砚等，地区不同、材质不同，名称也各有特色。名不见经传的松花石砚，虽然面世的时间不长，仅有300多年历史，却凭借出身皇室、成长在深宫内院的资历而令其他砚台望尘莫及。后几经严禁采石，松花石砚逐渐淡出了历史舞台。20世纪70年代末80年代初，松花石原料被重新发现，松花石砚制作技艺重浮于世。2014年，由本溪市申报的"松花石砚制作技艺"入选第四批国家级非物质文化遗产代表性项目名录扩展项目名录。

历史：深藏闺中的松花石砚

与早已声名在外的端砚、歙砚相比，松花石砚甚是默默无闻。但若是了解其出身，便会知道松花石砚的低调无名，是最高调奢华的内敛。

在清康、雍、乾年间，仅有清宫造办处奉旨，才能监制皇家宫廷御用松花石砚，从材料到成品砚台也一直为皇家所垄断，只有极少数王公大臣获赏赐才得以使用松花石砚，民间不得流传。

关于松花石砚的起源还有个故事。相传有一年康熙在回乡祭祖的路上，路过一个名叫砥石山的地方，砥石被当地的百姓用作磨刀石。康熙看这砥石质地细腻、颜色清丽，便心想着带回清宫造办处，后尝试做砚台，结果也没令他失望。于是便有了康熙亲撰的《制砚说》："盛京之东，砥石山麓，有石垒垒……"详细记录了康熙发现、设计、制作松花石砚的过程。松花石砚备受康熙、雍正、乾隆的青睐，康熙末年陈元龙所编的《格致镜原》中有关于松花石砚的最早文字记载；乾隆敕编《西清砚谱》更是提到了"品埒端歙"，足可见松花石砚的绝优品质。

石材：松花石里说道多

松花石源于长白山一系的矿脉，松花石的两大重要产地分别为吉林省白山市江源区和辽宁省本溪市桥头镇，而这也得到了科学家的证明。早在2007年的时候，吉林省有色金属地质勘查局六〇六队便对松花石的产地进行了全面勘查，结论是吉林省白山市江源区松花石矿脉属本溪南芬组沉积层的第五层深层。南芬组沉积层分为四段，地层最厚处达500多米（本溪桥头段厚约300米），有十七层沉积岩，只有其中五层可称"松花石矿"，其品相完美、色彩变化奇特，露头点较大，易于开采，储量较为丰富，且大多分布在沉积层的下部。

沉积地下的松花石以绿色为主，与吉林不同的是，本溪的松花石材并不仅限绿石，而是出产可供制作松花石砚的各色石料（紫、黄、紫绿相间、黄白、青黄相间等），这一点是吉林石材所无法企及的。台北故宫博物院的专家嵇若昕先生给出了较高的评价，这在其专著《品埒端歙——松花石砚特展》中可见一斑。嵇若昕先生指出，

松花石嵌螺钿文字砚

清宫御用松花石砚除绿松花石产于吉林外，其他均产于本溪桥头镇，绿松花石在本溪储量也很大。

从专业角度而言，绿色是松花砚中的上品色，色泽均匀，润亮和谐。按照绿的浓艳程度，可以依次划分为翡翠绿、苹果绿、杨黄绿、菠菜绿、青灰绿、淡灰绿、暗灰绿七个级别。前面三种绿色是绝好的砚色，为广大收藏家所钟爱。犹如"好水酿好酒""好马配好鞍"一样，出色的石材资源成就了这里独一无二的松花石砚制作技艺。

技艺："看三个月，思两个月，做一个月"

得到了一块上好的松花砚石，雕砚高手并不着急把它磨平磨光、做成成品砚料，第一步要做的是仔细观察它的纹理结构、色泽变化。这是老艺人的雕砚秘诀："看三个月，思两个月，做一个月。"看要看出石材的温润程度、颜色层次、大小形态，并动用文化积淀和学识进行意向性的构思。若这个过程经过深思熟虑，那么最后付诸实践的寥寥几刀，便可实现对石材的画龙点睛、精益求精。

实际上，在具体雕琢一方砚台的时候，其复杂工序多达数十道，完整的技艺流程包括选材、设计、加工（俗称"砍大荒"）、细致雕琢、修光、题款、刻铭等。雕刻过程中的初步加工，需将松花石砚大体轮廓粗线条地雕凿出来；接着进行细节上的琢磨，刻划出纤细的人物发丝和植物筋脉纹理等。此后还要通过修光、磨削等步骤去掉较为明显的刀痕，以示精巧。题款是本溪松花石砚的点睛之处，充分考验雕刻者的刀工、书法造诣和文学修养，精美的题款可以极大地提升砚台的神韵和金石之气。

庆寿砚

与随形砚不同的是，本溪松花石砚有自己的制式要求，符合宫廷庄重、严谨、规整、对称、平衡的独特标准。器型小巧（多在6寸以下），"夔龙纹""祥云纹""五福捧寿""福禄万寿"等吉祥寓意纹样随处可见，最重要的是与砚盒的高度匹配。砚盒是砚的包装，其他砚种的盒使用优良木质配盒，而松花砚的砚盒却是砚本身不可分割的一部分，是使用松花石中极为稀少的双色和多色石料，经巧妙设计，通过俏色将图案浮雕和透雕在砚盒之上。砚盒的做工往往比砚台本身更烦琐、更复杂，甚至砚在主题命名上都是以盒的图案内容为标准。本溪松花石砚将砚体置于石盒之内，不仅便于存放和养墨，也增加了砚盒可供鉴赏的风雅性。其代表性砚台《庆寿砚》，经过严谨的技艺打磨，实现了石头心、石头盒的最佳气密性，可实现内置墨汁45天左右不干墨的神奇效果。

本溪松花石砚雕刻技艺一般通过以师带徒传承，至今已传承五代。第四代传承人冯军延续传统御砚的雕刻风格，长期挖掘梳理清代御用松花石砚雕刻技艺，凭借稳健流畅的刀法、臻于精巧细致的雕工，以松花石砚的原石材"桥头石"高仿了89方"清宫御用砚"，提升了石砚的艺术性和观赏性，于2014年荣获中国第三届中华非物质文化遗产传承人薪传奖。接过父亲冯军的接力棒，冯月婷成了"紫霞堂"的主人，也成为松花石砚雕刻技艺最年轻的女性掌门人，坐拥紫霞堂的数方尊贵砚台。

曾经，松花石砚以其发墨如油、涩不滞笔的特点博得了"群砚之首"（出自康熙《制砚说》）的美称，如今本溪松花石砚制作技艺被列入文化和旅游部、工业和信息化部联合发布的第一批国家传统工艺振兴目录。古老的制砚技艺和年轻的传承人之间，正在迸发着更为灼热的火花，不负韶华、未来可期，期待这位意气风发的紫霞堂主再写制砚佳话。

社火"武"技炫舞新春

    社火历史悠久，它起源于先民对土地与火的祭祀。《国语·鲁语上》载："共工氏之伯九有也，其子曰后土，能平九土，故祀以为社。"社，即土地神；火，即火神。在以农耕文明著称的中国，土地是人的立足之本，先民把土地与火视为神灵而加以崇拜，并产生了祭祀社与火的习俗，以求祛瘟压邪、求福纳祥。地处太子河上游的本溪，煤铁资源丰富，中原人纷至沓来，溯太子河而上，小市镇、本溪湖、碱厂逐渐成为辽东工业密集、人口众多的交通要地和传播中原生产技术和文化的主要地域。始于西周文化发祥地凤翔，兴于山西，流传于内蒙古、山东、河北等地区的社火也随之在本溪落地生根、传承发展。2008年，本溪社火入选第一批国家级非物质文化遗产扩展项目名录。

武技社火看本溪

    社火种类多样，按其形态可分锣鼓类、秧歌类、车船轿类、阁跷类、灯火类、模拟禽兽类、模拟鬼神类等。按其表现形式可分为骑着牛、马表演的"骑社火"；站在铁轮车上表演的"车社火"；用人抬着床或桌子，演员站在上面表演的"抬社火"；在地行走，边走边演的"走社火"；以表演武打为主的"武社火""地摊社火"；等等。本溪社火因表演者常以十八般兵器为道具，表演捉对厮杀，于是本地人习惯称它"武秧歌""武社火"。

本溪社火的活动时间，主要集中在农历正月初五至元宵节，其中元宵节是活动的高潮。队伍组织起来之后，要按照惯例先祭社，即拜庙，然后从村东走至村西，称为"踩街"。踩街也叫"走阵"，走完阵来到事先选好的场地，圈场演出，称"定场"。演出时，几出戏的顺序要按照节目内容所反映的年代排列，演出完成后再以走阵结束。拜年，是社火活动的重要内容。社火队伍每到一家，领阵人都要率领众人在院内走个长蛇阵，长蛇阵又称"卷心菜"。借"卷"字的吉祥之意，意味着把三灾六难都卷走。如果谁家有病有灾，就要大开门窗。凡见此景，"武身子"必须进门走一趟，意在驱赶瘟神。元宵节是该活动结束之时，这天夜里，整个队伍要到四处无人、不见灯火之处卸掉装束，各自归家。敲锣打鼓地去，鸦雀无声地归。

社火表演中使用的兵器种类较多，如刀、棍、枪、剑、锤、斧、鞭等。因此，动作套路也较多，如"刀对枪""枪对棍""枪对三节鞭""枪对斧""枪对双刀""枪对枪"等。使用不同的兵器，有着不同的定式，因而定式也就很多，如"弓步举枪""虚步持刀""正步背棍""弓步持斧"等。开打时的动作也很丰富，如"凤凰三点头"，动作十分简单，但用处颇大，既可作为套路的起始动作，又可作为套路变化时的转折动作。"枪花""刀花""剑花""锤花"，虽然名目繁多，但只需掌握其中一种，其余即刻便会。"泰山压顶"指用刀往下劈砍的动作，"力擎千斤"指双手高擎兵器于头顶，挡住对方兵器的动作。表演者根据兵器的不同性能和特点，把这些动作融合在不同的动作套路之中。

以戏为本，招招惊险

本溪社火在表演时，有自己特定的仪式规程，社火队员们两头走阵，中间对打。走阵，显然是受到本地秧歌的影响。众人在领阵人的引导之下，走出长蛇阵、八卦阵、六合阵等不同的阵式。社火演出不得少于四出戏，角色均在二三十个左右，表演者大部分是武将扮相，也称为"武身子"。他们背扎旗靠，手持兵器，表情严肃，威严雄壮。整个队伍中，唯有领阵人不做任何化装，手中拿一面三尺见方、红底白边的令旗。走阵结束后，紧接着便是表演一出出戏，每次表演时间大约持续5个小时。

社火表演主要容纳了5出戏，包括《百草山》《长坂坡》《对松关》《三英战吕布》《九龙山》，5出戏的表演程式并不一样。像《百草山》的开场，孙悟空就有一段定场诗："天兵天将下天堂，悟空哪吒杨二郎，一心要去王家庄，活捉白大娘。"开打时，架梁的和戏中其余角色一一对打，叫"打单场"；全体登场三打一、四打一或五打一，叫"打全场"。5出戏中，人物登场最多的是《九龙山》，属于五打一。

社火的表演区域，有正、反场之分。以鼓为中心，演员背向鼓时为正场，面向鼓时为反场。每出戏的主要角色，称"架梁的"，每做完一套动作的亮相，叫作"定式"。每个角色的出场动作，统称为"拉架"。每出戏开场即出的便是架梁的，出场动作多以飞脚为主，在煞鼓点的同时定式儿。这时，他必须站在正场的位置上然后再接着做一套拉架动作，在煞鼓点的同时，又在反场做定式儿。其他的角色，则站在反场的位置与架梁的对峙。开打前，以架梁的顿枪为号，鼓师大喊一声"嗨"，鼓点骤起，意味着开打。

社火的开打，第一回合叫"原位"，指对打的双方做完套路动作之后，又各自回到原来的位置。第二回合叫"单划合"，"划合"是一种调度手段，你来我往，互易其位，往来一次称"单划合"，两次则为"双划合"。第三回合叫"横场"，即对打双方分别从正场和反场的位置，调度到鼓的左右两侧。第四回合叫"双划合"。第五回合叫"败场"，即战败之后的退场。无论哪个角色，手中拿什么样的兵器，无论是几个人的开打，都要做这五个回合的动作。每个回合所做的套路动作，几乎是一样的。例如：刀对枪的第一回合，从"转身枪花"开始，接"凤凰三点头""划合""回马枪"和"转身挡枪"，再接"凤凰三点头""搅枪""定式"。直到第四回合结束，动作没有变化。第五回合，在此基础上，又增加"连三枪""泰山压顶"等动作。虽然动作略有增加，但基本上大同小异。社火的每出戏，均以架梁的被驯服或被抓获而告终，如《三英战吕布》中的吕布，《对松关》中的罗章，《九龙山》中的杨再兴。

传承有序，自成精彩

本溪社火流传地区的居民，除部分原属满族人外，大多是来自关内的移民，大多都是从山东、河北移民到本溪来的。社火的传承制度十分严格，基本上以村落为单位，村村有着自己传统的社火种类，又有着自己的师承关系，不允许别的社火种类流传于本村，更不允许本村的人到外村的社火队中传授技艺或客串演出。这种严格的传承制度，使得社火艺人的传艺受到很大的限制，这也是本地社火种类单一的主要原因。本溪地区的社火经历代艺人不断创造、充

《三英战吕布》的打斗场面

实，故事内容丰富了，情节复杂了，动作也由最初的只有胜式和败式，发展为成套动作。在表演程序上，也因受到本地区民俗习惯的影响，进行了新的调整和安排。

从内容上看，社火丢失了古老的原始剧目固然可惜，但艺人借用了传统神话和历史故事，又融进了当地的民俗，使之得以及时补充。从表现形式上看，社火继续沿用古老的传统形式，使之得以长期保存。旧形式、新内容，谓之"秧歌"而不扭，从而形成一大特色。

而不以人物角色分配兵器，以武为主，充分利用十八般兵器，显示"武"的力量，是它的又一特点。像《百草山》中的孙悟空，拿着三节棍，打起来却十分好看。动作疾而不乱，快而有序，准确熟练。再就是动作的程式化，一招一式，套路清晰，每个动作起至何处，落在哪方，规矩得当、线路清晰，急促的节奏，加上准确的动作，使观众目不暇接。

百年铿锵　丹东鼓乐

鼓乐这一传统民间艺术形式，国人并不陌生，从欢天喜地的迎亲纳娶，到凄凉的人生终结篇，鼓乐以其独有的特色，成为人们婚丧嫁娶等习俗中不可或缺的情感寄托。在辽宁，鼓乐活动伴随着各地风俗习惯的沿袭，至今仍保持着较高的活跃度，辽南的复州鼓乐，岫岩民间鼓乐，辽西的朝阳县民间鼓乐，辽东的本溪民间鼓乐……纷繁多样的鼓乐班子凭借自己的真本事服务于人们对民俗娱乐的需要。2008年，"丹东鼓乐"入选第一批国家级非物质文化遗产扩展项目名录。

民间鼓乐的民俗源起

唢呐声声，鼓乐齐鸣。丹东鼓乐是主要在丹东地区流传的民间传统鼓乐形式，传承至今已有百年以上的历史。追溯丹东鼓乐的源头，可在各县地的史料上初见一斑。《安东县志·婚礼》载："迎娶，城区皆用彩色抬轿二乘，男女各一；乡区多以彩车代轿……又，鼓吹一部坐车奏乐前导。"《凤城县志·丧葬》也载："来奠者率馒首、香烛、纸箔等物或以挽联、幛额书哀词为仪，鼓乐灵棚。"另外，《凤城县志·岁事》还载："元宵节……城内各商户灯光如昼，花炮震耳，鼓乐喧闹，前后共三日。"婚娶、丧葬、庙会、灯节以及农闲

丹东鼓乐参加全省鼓乐"对棚"展演

时娱乐等活动，均可听闻民间鼓乐的响动。

可见，丹东鼓乐属于民间性的音乐活动。在当地，百姓将鼓乐俗称为"鼓吹乐"，运用多种器乐吹吹打打的表现形式和可喜可悲的强烈表现力为民间鼓乐赢得了广泛的群众基础，而深厚的群众基础反过来也给予民间鼓乐这一艺术形式最好的生存土壤。从古至今，当地仍保留着每逢年节或是婚丧嫁娶等特殊日子会请上一个鼓乐班子的风俗。

特色各异的曲体结构

丹东鼓乐的器乐名目繁多，若从曲体结构上分，丹东鼓乐可分为堂吹曲、牌子曲、套曲三大类。

堂吹曲，艺人亦称"坐堂"，指结构上比较庞杂的"大"曲子，一般由引子、身子、尾子三部分构成。丹东鼓乐中堂吹曲的引子是一段即兴式的、长短无定的散板音调，不同于辽南鼓吹中"汉吹曲"有着固定的、有一定长度的曲调。实际上在真实演奏中，直接由"身子"开始演奏的堂吹曲也并不少见。这里的"身子"也叫"正曲"，是乐曲的主要部分。在整个堂吹曲的曲体结构中，"身子"是慢板音乐，通常是4/4拍子，但"身子"本身的板式比较复杂而多变，除了快速的流水板，其他几种板式（如散板、慢板、中板等）几乎都可能用到，如凤城市鼓乐艺人袁成家、杨春芳演奏的《前后风》，其中"身子"部分的板式变换就比较复杂而多变。"尾子"是堂吹曲的最后一部分，但它和"尾声"的含义不尽相同。"尾声"一般是指音乐高潮部分之后的结束部分，而堂吹曲的"尾子"恰恰是乐曲的高潮部分。"尾子"的长短一般要由艺人技艺的高低和习惯而定，或一个乐段，或几个乐段，板式多为快板（2/4拍子）、水板（1/4拍子），速度由慢到快向前递增，旋律往往也由繁到简，由平稳抒情到跳跃、热烈，形成乐曲的高潮。

牌子曲是指那些结构比较单纯也较为完整的鼓乐曲。母曲（多是起、承、转、合式的歌谣体）完整地演奏一遍后，再运用各种变奏手法反复多次，速度也随之加快，演奏至结尾阶段，或继续加快戛然而止，或突然放慢悠然而收。牌子曲有时亦可前加"引子"，后接"尾子"。这样的牌子曲和堂吹曲仍然是有区别的，因为二者的主体部分——堂吹曲的"身子"与牌子曲的"母曲"不同。其最主要的不同在于牌子曲没有散板的华彩乐段（艺人也称之为"梢头"，这是一种即兴演奏的乐段，长短不定，也没有固定的曲调）和较为复杂的板式变换。这类鼓乐曲的器乐化程度高低不一，有的几乎完全照搬原曲（民间小调、秧歌曲等），有的则已器乐化了。牌子曲一般都比较短小、精悍，情绪活泼、欢快，常用于喜庆和娱乐的场合。

套曲，顾名思义就是把两个或两个以上的曲牌"套"起来演奏，是一种连缀曲牌演奏的方法。

喇叭匠"唐仔"的唢呐乐

百般乐器，唢呐为王。曾经的一曲《百鸟朝凤》让观众看到了一位德高望重的唢呐老艺人带领徒弟们用执着的热情与坚定的信仰追求和传承唢呐精神的故事。传承永远是诸多民间文化艺术的重中之重，丹东鼓乐同样面临着传承之难，当前古老的丹东鼓乐的传承重任落在了一位"80后"的肩上。

唐海峰出生于一个普通的农村家庭，幼时受家中长辈和生活环境的影响，十分喜欢民间鼓吹乐，8岁开始便跟随父亲学习唢呐、笙管等乐器的吹奏，12岁在当地已小有名气，提起喇叭匠"唐仔"没有不知道的。家族的传承给了他扎实的基本功，但离佼佼者还有一段距离。在一次"对棚"的时候，他遇到了当地最有名的喇叭匠王吉林，年轻有活力又聪明懂事的他被王师傅一眼相中，随即收为弟子，成为王师傅名下仅有的两名徒弟之一，另外一位是王师傅的儿子。经过5年的学艺，他掌握了小唢呐、二喇叭、大喇叭、笙、管、鼓等数十种民间传统乐器的演奏技巧，完整地掌握了丹东鼓乐的堂吹曲、牌子曲、套曲三类乐曲，通晓"咔戏"技艺，以吹奏传统曲牌为主，掌握的曲目丰富。

"咔戏"多为一些技术较高的鼓乐艺人演奏，唐海峰吹奏的"咔戏"则为同行业所推崇。所谓"咔"就是模拟，以一支唢呐（或"咔碗"）模拟各种禽啼鸟鸣，或吹（或"咔"）一些群众喜闻乐见的戏曲唱腔（如京剧、评剧、梆子、影调等）。唐海峰吹奏"咔戏"时能把唱腔的各种感情变化、不同人物的腔调表现得惟妙惟肖，妙趣横生。他多在"对棚"中将"咔戏"当绝活使用，极受村民欢迎。

唐海峰吹奏的"喇叭乐"也是一绝，所谓"十年笛子百年箫，一把二胡拉断腰。千年琵琶万年筝，唯有唢呐送人生"。吹奏时，唐海峰以1.5尺左右的低音唢呐作为主奏乐器。低音唢呐的音色粗犷、沉厚，配以笙和鼓、锣、钹等打击乐器的伴奏，更宜于表现悲怆、哀婉的情绪。

除了低音唢呐，高音唢呐也是唐海峰的表演利器。艺人们习惯将一支7寸5分以下的高音唢呐称为"小喳子"，其音色明亮、高亢，若配以笙和鼓、大锣、小钹、手锣等打击乐器，更适宜表达快乐的心情，故"小喳子乐"常在红事（婚娶）中使用，这也是唐海峰最为喜欢的演奏形式。

唐海峰18岁时独立带班，并收下自己的第一个徒弟，发展至今已形成了一个固定队伍不低于10人的鼓乐班。他带着跟他一样喜欢鼓乐的民间鼓吹乐艺人，在2014—2016年连续三年拿下了全省鼓乐"对棚"展演的金奖，技精艺湛的他越来越得到人们的认同和喜欢。2018年，唐海峰成功入选第五批国家级非物质文化遗产代表性传承人，是当年全国最年轻的国家级非遗传承人，迄今也是丹东地区第一位和唯一一位进入国家级序列的非遗传承人。"民间鼓乐仍需民间生存土壤，但守土有责呀，我的任务就是坚守好丹东鼓乐，让这传了100多年的丹东鼓乐更加动听悦耳。"

少北拳：触手可及的武侠梦

金庸、古龙、温瑞安，每个男孩子心中都有一个武侠梦，小说中的江湖门派和各色的武功秘籍令人心驰神往。在我国传统武术五大门派中，因中岳嵩山少林寺而得名的少林派位列榜首，这也是中国武术中传播范围最广、历史最长、拳种最多的武术门派。少林派中又有许多支派，各支派中某一套路如有显著特色，又可能发展为新的支派，少北拳即是这一传统武术在发展沿袭的过程中形成的自成一派的特色体育项目。

追溯：始于隋末融合发展

"少林功夫""少林寺"这些闻名遐迩的标签早已蜚声海内外，其缘起犹如其飒爽暴烈的动作一样，义薄云天。我们熟知的少林武技，始于隋末。当时少林寺有十三武僧，因响应秦王李世民之邀，一同出山参加了讨平王世充的战役。十三武僧活擒王世充的侄儿王仁则，并逼降王世充。胜利后秦王论功行赏，但除昙宗一人受封大将军外，其余十二人均不愿受封，甘于回归少林，自此少林寺遂以"武"闻名于世。

随着少林武功的代代相传，至明末清初时（约400年前），由于清政府不愿看到少林寺不断强大，许多少林武僧被迫游走四方，把少林武术的种子撒向了祖国各地，从而诞生了一大批新的武术拳种，如通臂拳、翻子拳、红拳、谭腿等。其中临济武僧觉空法师游走于山西五台山传授少林武功，后经弟子漆黑子夫妇等下传七代，至河北山海关张荣时。张荣时先生在主刚的觉空拳派、主柔的张大奇拳派和祖传的"中医导引按跷术"的基础上，经过数十年的整理、完善，形成了今天融少林拳、滑掌拳等北方拳种的精华于一体，"以点刚力为主、以柔化力为辅，同时追求刚柔相济力道"的特色拳种——少北拳。

核心："双功四术"刚柔相济

千百年来，武术有功于我们的祖国和人民，它成为历代士兵和将领手中的无形利器，对开疆拓土、巩固山河有着巨大的贡献。同任何一项武术项目相似，少北拳也有其服务于现实的实用性，但少北拳更强调武术乃健身自卫之术。健身是一切体育运动的共性，自卫是武术运动的个性所在，武术离开了自卫、击技，那就失去了它的真正意义。

总览少北拳基本内容，可统称为"双功四术"。"双功"指阴功九术，即马步、猫功、劈拍、跳行、穿跃、摆腿、奔驰、打桩、身翻；阳功六根，即手、眼、身、腿、步、气。九术功的学练目的在于提高身体素质，六根功的学练目的在于展示武功功能。两者相辅相成，缺一不可。"四术"指的是拳术、器术、功术和巧术：拳术由长拳、短打、破拿、巧遁四部二十五套拳法组成；器术包括古代战场十八般兵器"刀枪剑戟、斧钺钩叉、鞭锏锤挝、拐棒棍节、流星弓"等十八类武器二十五套术法；功术内容为擒拿术、卸骨功和十八艺；巧术源于古代摆脱破坏机关术的身技武功。

系统和有针对性的套路拳术，结合"出则击、回则防、击于首、防于首""手动腿必动，腿动手不闲"的临场应变，每一招都体现出少北拳的自卫大于实战、强身胜于动武的传统武术宗旨。

成名："少北"正名迎来高光时刻

一个拳种出现之后，善于归纳总结的那个人便成为里程碑式的标杆人物，张荣时之于少北拳，便是这样的开创者角色，他的武侠人生精彩非常。

张荣时祖上是太平天国末期捻军的头领，家族有世代习武之风。清雍正年间，其祖上在安徽享有"内家张"之称，并传有《少林武术密要》。其父张镇坤是关内外有名的"小孩儿张"，二哥张宇时以"神医圣手"闻名于京、津及关内外，"八极拳"也练得出神入化。受父兄影响，张荣时6岁即练八极拳，后相继师从多位名师习练少林武功步法、腿法、太极拳法、滑掌拳等，还专程去天津学练春秋刀、双手带等。刻苦习练的同时，他还与各方侠士、名人交流比赛，在北京北海武术场及天桥等地与名跤手比试摔跤，与通背拳、形意拳、大成拳等流派拳师比试武功。

常年的实战加上自身较高的文化素养，1958年，张荣时以少林觉空拳派武术为基础，创建了以"双功四术"为主架构的少北武术理论与实践体系，从而为少北拳奠定了理论与实践的坚实基础。1996年，国家体委武术运动管理中心组织专家评审，认定少北拳"理论体系科学完整，技术内容丰富，风格简练朴实，动作结构严密紧凑，攻防实战性强，是源于少林而有创新且别于少林的一个新拳种"。最终少北拳被确认为中国传统武术第一百三十一个拳种，经历了300年历史风雨的少北拳，迎来了其从继承、发展、壮大，直至开宗立派的高光时刻。

传承：墙里墙外桃李芬芳

少北拳是广泛流传于东北地区的一个传统武术拳种，但它的影响力却跨越了东北。风靡一时的河南卫视《武林风》中日对抗赛中，少北拳的传人王志玮对阵日本拳手泰斗，仅一回合就跳膝击败日本拳手，一名不见经传的少北后代成了国人的骄傲。《叶问4》票房突破10亿元，是中国影史上最卖座的功夫电影，但更令网友津津乐道的是《叶问》系列中武林高手们的"武力值"，其中廖师傅的扮演者陈之辉便是少北拳高手，也是少北拳的形象大使。

这炽烈推广宣传的泉涌之处，在于辽西的锦州、葫芦岛，这里也是张荣时先生的辛苦耕耘重地。他坚决反对"把中华民族好端端的武术神话化，画龙而无龙，演鬼而无鬼，武术要走科学化的发展道路"。他是这么说的，以第八代传承人韩振博为代表的后辈们也是循着他的足迹不断努力的。

2007年底，韩振博从张荣时手中接过传承和保护少北拳的重任，以他为首的中国少北拳全国指导委员会便开启了树立和维护"少北拳"品牌、带领和指导各地少北拳社团组织和广大少北弟子弘扬优秀传统文化的传承之路。40余个少北拳组织、千余枚国际和国家级金牌是少北拳人发扬光大的有力证明。

10余年来，传承少北拳的武馆、青年拳社、训练中心、武术协会如雨后春笋般在国内外诞生，少年学生练少北、中老年人练少北、军人警察练少北、外国人练少北，从最初的一个个新闻镜头变成了常态。全国少北拳指导委员会、各地少北拳研究会自成体系。《中国少北武术》《少北拳图解汇编》《全国少北拳教练员培训讲义》《警卫武术教学大纲》等理论成果层出不穷。2015年，少北拳列入省级非物质文化遗产代表性项目；2018年教育部认定渤海大学为首批全国高校中华优秀传统文化"少北武术"传承基地。中国少北武术节暨国际传统武术邀请赛，全国少北传人、教练裁判培训班持续举办。以"少北拳""少北人"为主题的电影、电视剧纷纷投资开拍……现在的少北拳，已在8个国家和地区，国内15个省、直辖市的59个市县区传承传播，习练者逾10万人，群策群力的少北人将少北拳推向了一个全新的发展阶段。

　　华夏大地，骄阳似火，挡不住全民健身的热潮滚滚，如今的少北拳便以其艺术性和实用性兼具的品性，活跃在人们的健康文化生活中。少北拳，也必将成为打造"一地一品""一区一品""一行一品"的全新地域优品，成为推进"健康中国"建设的重要媒介，让每一个普通百姓在"江湖里"都可以做自己的英雄。

当空舞彩练　人偶不了情

轻盈的彩绸在台前自由飞舞，稚嫩的书童在台侧挥舞手中的画笔，描绘着静谧中的竹韵雅致，那飘逸和自然令人仿若置身于传统中国的诗情画意之中，这是辽西木偶戏的代表性节目《长绸舞》和《木偶作画》的联合表演。珠联璧合的表演赢得台下大朋友、小朋友的阵阵惊羡，掌声不断。传统文化仍为现代人所欣赏、接受和喜爱，这在木偶戏身上表现得最为明显，可谁知道，在辽西土生土长的木偶戏，这一路走来有多么艰辛和不易。

从中国木偶艺术剧团说起

新中国刚成立时，百废待兴，当时苏联派来百位各行业专家帮助中国搞建设，其中有一位就是木偶艺术家奥布拉兹卓夫。在受周恩来总理接见的时候，他问周总理："请问总理，你们中国有国营木偶剧团吗？"周总理回过头来问当时的文化部副部长夏衍："我们有国营木偶剧团吗？"夏衍说："有。"苏联专家提出要看看中国木偶剧团的表演，可实际上当时谁也不知道有没有这个国营木偶剧团，于是各部门马上展开调查，发现在东三省仅有"辽西文工团木偶剧队"这一专业团队，这个剧团就在锦州（当时辽西省省会在锦州），于是剧团连夜被调往北京，为苏联专家演出，最终精彩的演出受到了专家们的首肯。同年（即1953年）1月，中央文化部决定将辽西木偶剧队调往北京，并于1955年5月5日成立了今天的中国木偶艺术剧团。当时被调进京人员包括蔡大田、关维吉、索万今等23人。

一个小小的地方木偶剧团怎么就有实力进北京了呢？这还得再向前追溯，探寻名单中那20多人所坚守的木偶事业的开创历程。蔡大田（蔡万荣）是辽西木偶艺术设计、制作的创始人，1899年前后出生在辽西锦州，他是名个体艺人，喜欢雕刻，是当地的雕刻家。由他设计制作的大型神话故事悬丝木偶剧《嫦娥奔月》，木偶制作精良，堪称一绝；他亲自雕刻的《苏三起解》《葛麻》形象逼真、栩栩如生；他雕刻的《望娘滩》（即《无孽龙》）、《黑风洞》，得到了张仃（新中国成立后任中央工艺美术学院院长）的高度赞誉。

辽西木偶艺术的另一个重要奠基人，是当时民间戏班"大华"木偶剧社的关剑青。1949年前，关剑青四处流动，演出至山海关时因票房不景气，戏班解散。辽西文工团闻讯赶到山海关，将关剑青连人带木偶、道具一起接回了锦州，自此便开始了他扎根辽西、传承与保护木偶戏的历程。当时的文化局成立了木偶剧研究小组，以每天50万东北币为教学费，请关剑青教授悬丝木偶。并向关剑青买来剧目《平顶山》（即西游记中的"三打白骨精"）的木偶，在十分艰难困苦的条件下开展研究工作。这就是新中国成立后的第一个国营木偶剧团辽西文工团木偶剧队，他们排演的大型木偶剧《平顶山》受到辽西广大观众的好评。他们还配合抗美援朝战争排演了《战魔发抖》《美帝嘴脸》，为四野官兵、工厂工人、学校师生演出，深受欢迎；配合爱国卫生运动排演了《粉碎细菌战》《鼠疫》等剧目，为辽西儿童排演了《丁丁旅行记》《三只小兔》《小白杨树》《蛇与农民》《懒猫》等剧目。精良的编排、精彩的演出，为1955年国营剧团的组建奠定了基础。

核心人员有了更好的发展，但是辽西木偶人仍不甘寂寞，他们从20世纪70年代开始，在非常艰难的情况下，仍继续着木偶创作与演出。他们排演了一大批优秀剧目，如大型木偶剧《通天河》《济公》《聪明少年徐文长》《红军鞋》《白毛女》《小熊拔牙》《鸭子和狼》《明明放羊》《阿凡提》《孤独的小猪》《亨特和它的小伙伴们》《青蛙与狮子》《青蛙与盒子》《看瓜》《弹吉他的小肥猪》等。1988年面临体制改革，全队演职员怀着依依不舍的心情，眼含着热泪表演完最后一幕戏，后台鸦雀无声，接着全体演职员便被遣散四处。在此后的很长一段时间内，辽西木偶又曾多次"星火燎原"，但都因为临时组成的队伍没有正规管理，成员生活得不到保障，实在无法坚持下去，最后只好自动解散。

2000年，又一批热爱木偶艺术的人再一次举起了"锦州木偶剧团"的旗帜，传承、保护、发展辽西木偶戏。他们因热爱而抵岁月漫长，曾经的队友再次集结，并吸收了年轻力量，一路相扶相携支撑着辽西木偶剧再焕光芒。2006年辽西木偶戏入选第一批国家级非物质文化遗产名录，优秀的传统文化再次进入现代人的视野和生活，他们驶入了非遗保护的快车道。

手工制偶　自成一派

辽西木偶是集雕塑、绘画、结构装置于一体的造型艺术，它着重于人物形象本身的刻画，表现人物本身的形貌特征和思想品格，又是被人操纵着表演的戏剧。辽西木偶的造型艺术和结构装置经历了长期的演化过程，除了《中国木偶艺术》中可见的提线木偶、杖头木偶、布袋木偶外，现已发展出铁枝木偶、杆式木偶、人偶一体、

《长绸舞》和《木偶作画》

卡通人偶、荧光木偶等丰富的种类。

辽西布袋木偶：辽西木偶改进了布袋木偶的结构，给木偶的双手装上手钎（类似杖头木偶的手钎），丰富了布袋木偶手臂的动作，演员通过捻动手钎，可以操纵木偶作出很多动作，尤其擅长演动物，《小猫学本领》《鸭子和狼》《青蛙与盒子》等都是布袋木偶戏。辽西布袋木偶结构简单、操作便利、携带方便、易于普及推广，非常受儿童的喜欢。

辽西铁枝木偶：木偶身高90厘米，制作材料与杖头木偶相同，结构与杖头木偶不同，由头、身体、肢体、头钎、股钎、手钎等组成。辽西铁枝木偶需要3个人同时操作一个木偶，表演时演员站到木偶身后表演，一个演员操纵木偶的头钎和股钎来完成木偶头与身躯的动作，另一个演员操纵木偶的双手钎，第三个演员操纵木偶的双脚钎。这种铁枝木偶戏不需在舞台上设帷幕，就能够完整地表现木偶的全身形体动作，《卖火柴的小女孩》中小丽莎的木偶结构就是铁枝木偶。

辽西杆式木偶：这是辽西传人索万今经过多次研究才试验成功的，用一根四米长的金属细管做操纵杆，演员操纵暗藏的机关表演飞偶，飞偶在空中可以做转体、撒花等动作，此种杆式木偶为全国首创。

辽西卡通人偶：把木偶的外形套在演员身上，演员的头、手、脚就是木偶的头、手、脚。这种卡通人偶，通常用来表演童话木偶剧中形体较大的动物，如《动物小乐队》中打架子鼓的大狮子，《猩猩与狐狸》中的大黑猩猩等。在辽西大秧歌中至今还广为流行的"大头娃娃"也是卡通人偶，人们在节假日或茶余饭后集聚在街头和广场，套上大头娃娃，和着大秧歌的鼓乐表演取乐。

辽西人偶一体木偶：也叫软体大木偶，演员和木偶分别是戏中的两个角色，木偶是一个角色，木偶的操纵者是另一个角色。这种木偶和真人的比例是一比一，表演时舞台上无须任何遮挡物。制作木偶的材料是泡沫海绵，脸皮是用四面弹力的细纹针织布，将其包在海绵上。木偶的上半身是挂有双臂的塑编空腔，下半身是托地长裙。木偶不设手钎，演员的手伸进木偶头里，用大拇指操纵木偶的下颚，其余的四个手指操纵上颚。演员通过转动手腕完成木偶脖子的各种动作，以及木偶的转体、下腰等。演员与木偶融为一体，并协调地完成两个角色的互动。由于演员的手直接伸到木偶头里操纵，因此人物的喜、怒、哀、乐都能表演自如。软体大木偶突破了木偶表情的固定化，木偶幽默小品《特殊的爱》就由这种表演方式完成，受到国内外木偶专家的赞誉和观众的欢迎。

辽西荧光木偶：木偶戏中有个独特的戏种叫黑戏，主要是通过操纵舞台灯光和荧光木偶来完成。即戏中需要黑戏效果时，关掉舞台上所有明光，打开紫外线光。木偶着荧光色，操纵木偶的演员穿上黑色的衣服，戴上黑色手套和帽子，在舞台黑色的天幕前表演。紫外线灯下观众看不到演员的存在，荧光木偶显得格外艳丽，这种荧光木偶善于表现各种神奇变幻的场面和人物。《卖火柴的小女孩》中，小女孩的各种幻觉都是由荧光木偶来完成的，达到了神奇的效果。

舞台表演　人偶合一

作为一种艺术形式的木偶戏，它的戏剧特征即人"以木偶为媒介，以歌舞演故事"。这就需要木偶演员本身具备多方面的表演才能，如歌舞、话剧、戏曲、杂技、曲艺等，还需要演员有高度准确的模仿能力，天上飞的、地上跑的、水里游的，均需演员赋予木偶以灵魂才能呈现出完美的艺术效果。木偶的表演艺术既是一种真实的模仿性艺术，又是一种虚构的夸张性艺术。

为了达到"以物象人""人偶合一"的表演效果，木偶的表演技术需要经过专业训练和长期实践才能养成。表演木偶要具备三大基本功："举功""走功""捻功"。所谓"举功"，是将大约2.5公斤重的木偶举过头顶，木偶要举正，不前、不后、不左、不右、不上、不下、不摇、不摆，同时演员还要做到能用右手的拇指和食指控制木偶头的各种动作，用手腕控制木偶腰部的所有动作，如此高强度的举功训练是对演员臂力和耐力的考验，每次举功练习没有30分钟时间打底是不成功的；"走功"就是让演员自身的动作与木偶的动作保持一致，演员脚的动作代替木偶脚的动作、演员的台步就是木偶的台步，走的过程中演员还要通过手腕实现对木偶身体摆动的控制，来协调配合表演各种人物；"捻功"是操纵木偶完成所有手臂动作的关键，靠演员用左手捻动木偶的两根手钎来完成，技巧有简单手势、单叉腰、双叉腰、单轮臂、双轮臂、单和手、双和手、前弓后背等。

具备了木偶表演的基本功，还要掌握木偶表演的"三要素"，即稳、准、细，才能游刃有余地驾驭好手中的木偶。"稳"就是表演时木偶不能忽高忽低、时轻时重、东倒西歪，要保持重力感、重心感、精气神儿始终如一；"准"就是准确、协调地表演木偶手、眼、身、法、步的形体动作，因木偶的表情有限，所以在表演时要准确表现动作语汇，不能盲目乱动；"细"就是细致表现木偶的动、静、快、慢、进、退和每个眼神、每个亮相。传统木偶戏表演时还要模仿戏曲演员，表演各种手势、水袖功等，如单外翻水袖、双外翻水袖、搭袖、双前搭袖、单后搭袖、双后搭袖、单背袖、双背袖、撺袖、抖袖等等。

此外，木偶也有其机关和替身的表演，而这些则是通过人与偶的"默契合作"来完成的。木偶手持道具的表演是演员通过装置在木偶手钎上的机关来完成的，机关的一端固定在木偶的活动手指处，另一端安装在演员右手大拇指的可控制手钎上，演员要想使木偶拿放道具自如，就要经过反复多次的练习，才能做到心手合一。木偶表演中各种特定动作还需用替身木偶完成，如神话木偶剧《通天河》中孙悟空要完成喷火、舞棍、翻身、飞等动作，这些动作都是由替身木偶来完成的。

传承之路　任重道远

辽西木偶戏多方借鉴国内外其他艺术之长，不断改进和发展舞台美术的各种表现手段，使之成为综合性的表演艺术。木偶戏舞台采用多种现代材料，同时借助现代科学技术的发展，把声、光、电等技术方法运用于表演中。雨、风、闪电、云等效果灯具，聚光、追光等照明灯具和种种有色光的运用，不仅加强了舞台气氛，而且丰富了舞台表演的艺术。

在表演杖头木偶和布袋木偶时，演员需要将木偶举过头顶进行表演，为了达到最佳观赏效果，舞台上设一道帷幕遮挡演员，帷幕上边仅出现表演的木偶。帷幕的大小由木偶的大小决定，常规帷幕长6~8米，高1.6~1.7米。舞台的布景安装上1.65米的高脚，舞台灯光布局则设置了面光、侧光、顶光、天幕光以及其他效果流动光位；舞台上还设置了边幕、沿幕、天幕、帷幕等；景区设置网景、纱幕、推景、转景、吊景等。这一组轻便灵活的舞台设施，便是辽西木偶人推出的具有框式结构的多功能木偶戏舞台，适应多种形式的木偶戏的表演需要的同时，也极大地增强了木偶戏表演的综合艺术效果。

探索在不断的实践中一次次完成着，2000年以来辽西木偶戏再次适时而变，他们将木偶戏的舞台空间设置进行了调整，打破了传统框式舞台的束缚，使整个舞台在形式上变成了统一的整体。在表演《草裙舞》时，撤掉了帷幕，任凭演员与木偶共同表演于舞台；表演《卖火柴的小女孩》时，舞台美术受同色相叠加在视觉上等于零的启迪，让演员身穿黑丝绒演出服、戴上黑手套在黑丝绒大幕前表演，令观众产生演员形体消失的错觉，这种全新的观赏体验得到了观众的一致认可和高度赞扬。

正是依靠他们对木偶的执着与坚守，辽西木偶戏前后去往了韩国、日本、法国、俄罗斯、南非等20多个国家和地区进行表演，在诸多国际木偶赛事中一展中国传统木偶戏的魅力，并获得好成绩。除了舞台自身的调整，辽西木偶人也敢于对木偶节目作出更大的融合探索。2016年，木偶戏传统节目《变脸·喷火》一改往日单独呈现的演出方式，将木偶戏传承人与专业院团的表演融合，你来我往、穿插往复，你中有我、我中有你，令人耳目一新的表演生成了更加有张力的舞台艺术形式。而这个从音乐到舞台包装都焕然一新的节目，一经推出便受到海内外观众的喜欢。

如今的辽西木偶戏虽承受发展之重，但仍不惜努力去开拓发展新路，他们一次次跌倒，一次次涅槃重生，一次次焕发出传统木偶戏的勃勃生机。

千锤百炼软锡成大器

锡雕也称"锡艺""锡器",是广泛流行于中国民间的一种传统锡作艺术,其历史悠久、源远流长,大量出土文物表明,早在商周时期,中国的制锡工艺就已相当成熟。宋代以来,锡器的使用十分普遍,锡茶叶罐、锡"汤婆子"等一批日用器具在民间广为流行,锡作也因此而成为一个热门行当。流传于辽西锦州地区的锡雕技艺,又称"瓜雕",始于清同治年间,至今已有六代传人。2021年,锡雕(锦州锡雕)入选第五批国家级非物质文化遗产代表性项目名录扩展项目名录。

家传的手艺,女婿接手

细看锡雕(锦州锡雕)的传承谱系,脉络清晰,从第一代至第四代,均由杨姓传人传承,至第五代,传到了石岩手中。每说及此,已经是该项目省级代表性传承人的石岩略显激动,但仍面色沉稳地回应"都是缘分"。

据《杨氏谱书》记载,杨氏祖籍云南,曾迁居河南开封、北京等地,后随着朝代更迭家族凋敝,杨氏各支四散民间、各谋生路。清同治年间,锦州锡雕的第一代传承人杨景玉供职于虞衡清吏司(清朝工部下设的四司之一),专门从事宫廷锡器雕刻。在他的言传身教下，其子、孙及至后辈均以此手艺为生计，后人带着这项手艺辗转来到东北，定居锦州。杨景玉的儿子杨胜馥承袭父亲衣钵，以打锡为生，擅长镶嵌，代表作品《锡嵌铜扁壶》《嵌青玉方壶》留在了家族的口述史之中。杨胜馥的儿子杨永山，自幼跟随父亲学习锡雕技艺，10余岁便承袭家族技艺，终其毕生心血将锡雕技艺发扬光大。1949年杨永山的锡雕作品《永乐大钟》由辽西省（今辽宁省）人民政府，在中国新民主主义青年团第一次全国代表大会上敬献给毛泽东主席，这无疑是杨家锡雕史上最为夺目的光彩时刻。

到了第四代传承人杨喜华这一辈，他受家传影响，自幼喜爱锡雕技艺，高小毕业后跟随父亲系统学习锡雕技艺。杨喜华擅长镂雕、锡器塑形，在下料刨制时对器型的线条有精准的把握，而且精于宝石镶嵌，经他镶嵌的宝石不仅精密结实，而且更具玲珑之美。他的技艺之美可从代表作品《镂雕孔钱盖口镶铜提梁壶》《细底斜肩提梁壶》《迎客松酒具》中展现。

杨喜华育有一女，但对锡雕技艺并不擅长，却无意中成全了她的另一半，也就是石岩。石岩的母亲能写会画，受母亲影响，他自幼喜爱画画，将《岳飞传》《杨家将》等小人书一本一本地画出来。加上舅舅是远近闻名的能工巧匠，他时不时地跟着舅舅做木工活。舅舅看他是个上手快的好手，也教他在"箱坐子"门上烙画，雕刻家具上的木雕配件。凭借着对手艺活的喜欢，石岩开始琢磨研究玉雕、玛瑙雕这些技艺，这些雷同技法为石岩掌握锡雕奠定了扎实的基本功。直到跟杨喜华的女儿谈起了恋爱，他有机会接触锡雕，从此一发不可收地钻了进去。在长期实践中，石岩凭借着自己的韧性和悟性，博得了岳父的青睐，杨喜华毫无保留地将自己的锡雕技艺传授给了石岩。

石岩锡雕作品《提月壶》

"亮如银、明如镜"的锡雕

锡具有无毒、不锈、防潮、耐酸碱等优点，质地软，熔点低，易于加工，故锡艺向来都与民众的日常生活保持着密切联系。有着30多年从艺经历的石岩介绍，他所使用的锡均是纯度为99.9%的云锡，不添加其他任何材料，且不含有其他金属成分。锡的纯度越高，其质地与密封性越好，越容易通过手工完成造型、錾刻等。

那么，柔软拙朴的锡料，如何升级为精致的锡器呢？这就说到石岩的专业了。完整的锡雕技艺流程，包括选料、设计、化锡、铸钣、下料、造型（捶打）、焊接、锉形、打磨（粗磨）、雕刻（錾刻）、镶嵌、再打磨（细磨）、抛光等10余道工序，每道工序紧密相连、缺一不可。较为复杂的器形更是需要多道工序反复操作，不能出现丝毫差错。以制作直径10厘米、高6厘米的锡壶为例，捶打工序就要进行5万次左右，而且敲打时力道要均匀，只有掌握好这个手感才能获得完美的弧度；焊接时，石岩采用本锡焊法（不添加焊药及其他金属），以保持锡器的纯度不变。操作时，通过熟练调控温度，可将仅有1.5毫米的板材主体融化至三分之二后再进行焊接，对操作技艺有着近于苛刻的要求。

在锡雕过程中，也需要使用多种技法。石岩在保持传统锡雕技法基础上，将锻、錾、塑、雕、焊、嵌等技法进行组合，并用线雕、凹雕、浮雕等手段，可使锡器表面抛光度达10级以上。石岩对很多锡器的形体塑造是通过烙铁来完成的，这也是石岩在锡雕制作技法上的独到之处。遵循完整技艺流程可制作的锡器包括香器（奥运宝鼎、香炉、熏香炉、香筒、香插），酒具（团龙酒瓶、温酒壶、九

石岩锡雕作品《花熏》

象壶），茶具（纯锡煮水壶、泡茶壶、公道杯、茶则、茶仓、干泡台、建水、主人杯、茶勺、杯托），文房用具（锡镇纸、砚滴），花器（花瓶、花插），圆雕佛像艺术摆件等多个锡器品种，所制成品"亮如银、明如镜"。

从艺近40年，石岩在继承和发扬传统宫廷锡雕的基础上，融入东北文化特色，共设计制作锡器1200多件，代表作品包括《荷》《狩猎纹花熏》等；为全国各地收藏爱好者修复明、清古锡器文物30多件，修复各种瓷器近千件，做工精细，质地光亮，古色古香，兼具实用性和观赏性。

心手相承　匠心无界

不善言辞的石岩把他的热情和兴趣都放在了锡雕上，经过潜心研究，石岩恢复了失传百年的"锡包玉"技艺——将玉壶的壶身用锡严丝合缝地包起来，只露出壶嘴和壶把，然后再在锡上进行雕刻；摸索出独特的"錾胶"技艺——将錾胶注入锡器，錾刻出浮雕形象后，将胶取出，并不伤锡器；研究出"纯锡拔丝"技艺，使锡细到0.35毫米，使锡雕作品可像金银一样做花丝镶嵌，这项技艺独具特色。

随着手工技艺逐渐为人所熟悉、赏识，石岩也更加注重强化和保护自己的设计及作品，2018年，他将作品《鸣春曲茶仓》申请著作版权，2021年又为罐（银尊罐）、茶壶（骏马壶）两项成果成功申请外观设计专利，均突出了锡挂铜工艺。另有"紫砂锡补"正在申请工艺技术专利中。

要想手艺出彩，除了自己的钻劲儿，还需进行更广泛的学习加以提升，2018年他参加国家艺术基金资助项目"云南传统金属工艺创新人才培训"，在那次培训中他接触到了更多精雕细琢的独家技艺；2020年参加"清华大学美术学院—BMW非物质文化遗产保护创新项目"学习，其间受邀在清华大学美术学院金属系讲课，与老师及研究生互动，传授手工锡器制作技艺，也共同探讨传统锡雕的现代传承与发展之路。

如同石岩在北京与其他大师成立联合工作室——以高端为主的定位一样，石岩对自己的锡雕技艺也有着清晰的认识，锡器很难得，是很小众的一项手艺，但是它值得绽放在懂它的人面前。石岩在参加展示活动时，也有自己坚定的选择。2020年，石岩选择参加"我在故宫看'非遗'"，在沈阳故宫以线上线下相结合方式展示锡雕技艺，一展宫廷锡制品的厚重与典雅；2022年，石岩参加"精艺传承夺天工——辽宁省非物质文化遗产雕刻技艺专题展"，他携带的24件锡雕作品与辽宁省博物馆、沈阳故宫博物院的40多件（套）馆藏文物共同对外展示，以有形的器物与无形的手艺相结合，再次展现了传统文化的一脉相承。

有了良好的口碑，还需有更加坚实和稳定的步伐。石岩的踏实和勤勉也是难得的。2009年，石岩突破传统技法将锡雕技艺与瓷器结合创作的作品《努尔哈赤》被辽宁省博物馆收藏。2022年，云南红河学院慕名找到石岩，请他担任外聘教师，石岩喜出望外，中专学历的石岩从没想过，锡雕不仅让自己有机会走进清华提升自我，还让他成为高校的外聘教师。"作为一个普通的手艺人我很知足。"有了专业学生接棒，相信锡雕会越来越为众人所熟知和喜爱。

石岩认为，保护和传承传统锡雕技艺，并不是墨守成规、一成不变的，而是要了解当代审美的新变，从不同艺术门类的历史变迁中去发现审美规律，创作出为当代消费者所喜闻乐见的锡雕制品，使其再次融入大众生活，接轨新时代。石岩与他的锡时代已然到来。

剪下风云　纸上苍生

2004年，医巫闾山满族剪纸在北京民俗博物馆展出。

2006年，医巫闾山满族剪纸入选首批国家级非物质文化遗产名录。

2007年，汪秀霞、赵志国入选第一批国家级非物质文化遗产代表性传承人，至今仍是辽宁省剪纸类项目中唯一一个获批两位国家级代表性传承人的项目。

从神山"医巫闾"说起

医巫闾山位于辽西走廊的东北端，南北绵亘45公里，占地面积120平方公里，属于阴山山系松岭山脉。在距今1.3亿到6500多万年的白垩纪时代，从医巫闾山喷涌而出的无数山泉，灌溉着广袤的辽西原始森林。直到距今6000多万年的新生代时期，喜马拉雅造山运动以排山倒海之势，使辽西繁茂的白垩纪古生物群，霎时间凝固成今天令世人瞩目的辽西古生物化石群。生物科学家在这些化石群里发现，这里曾经有过地球上最早的花，地球上最早的果实。有一片原始森林，在医巫闾山的怀抱里躲过了这场劫难。

在距今200多万年的新生代第四纪，医巫闾山始终挺立着伟岸的身躯，护卫着这片不断进化繁衍的森林。"医巫闾"是东胡语"依克奥利"的音译，即"大山"的意思。如今，这片位于医巫闾山中段的原始森林，是国家级森林和野生动物类型自然保护区。这里有着华北植物区系保存最完好的油松林，繁衍生长的动植物种类多达2000余种，是一座天然的动植物生态园。

亦神性亦民俗的特色剪纸

独特的地理环境与历史地位，使医巫闾山成为东北地区游牧文化、山林文化、海洋文化与中原地区农耕文化的交汇处、融契点。千百年来，这里的民众传承着在长期兼容中形成的独特的民族民间文化，医巫闾山剪纸就是这种独特文化遗存的典型代表。

医巫闾山剪纸中的原生态剪纸，以医巫闾山人原始的自然崇拜、生殖崇拜、祖先崇拜为主要表现内容，保留了最原始的剪纸艺术生成形态，内容神秘诡谲，记载了大量红山文化以来年代久远的萨满信仰符号。内容更加丰富的文化融合态剪纸，则记录着医巫闾山地区进入传统农业社会后，各民族文化相互融合的民俗风情。

头上长着柳枝的"嬷嬷人"，腹乳如山的"媳妇人"，半人半兽的"神人"，三层枝干的参天大树……正是这些在今人看来怪异神奇的图案，执着地传承着北方民族祖先的古老萨满文化信仰，记录着人类的祖先如何把自己与山林草木、禽鸟鱼兽融为一体，与世间万物分享自然的精神状态。这是人类的童年记忆，质朴纯真，对世间万物有无限的托付和炽热的感恩。而这穿越千古的情感记忆，就是凭着人们的双手，经风经雨，代代相传，珍惜地储存在这些民间剪纸艺术中。

听传承人说他们的剪纸

汪秀霞和赵志国是这个项目的两位国家级代表性传承人，两个人的艺术风格完全不同。汪秀霞出生在一个满族文化积淀深厚的村庄——北镇市汪家坟满族乡张代屯（今广宁街道张代村），从小跟着母亲汪王氏和村里的老人们学习剪纸，10来岁时已展现出剪纸才能，多为即兴创作。她的剪纸诡谲神秘、充满原始信仰色彩，其中最具特色的题材以自然崇拜、图腾崇拜、祖先崇拜为主要表现内容。具体包括：反映自然崇拜的系列剪纸，如《通天树》（又叫《天树》《萨满树》《生命树》）；反映始祖女神崇拜的系列剪纸，如《嬷嬷人》《媳妇人》；反映动物神崇拜的系列剪纸，如牛神、马神、猪神、狐神、鸟神、蛇神、狼神等。

与沉默寡言的汪秀霞不同，做过乡村医生的赵志国对剪纸有着更灵活的表达。"我家里的每一位父母辈成员，都是我的老师。"深受工匠之家的艺术熏陶，赵志国打小就对民间艺术有着高于旁人的喜爱。他3岁就背个小书包，别的不玩，没事就把包里的笔和本拿出来"瞎划拉"——画画。七八岁的时候就正式拿起剪刀，跟着爸爸、妈妈、姑姑学起剪纸来。从最早的简单脱稿剪纸，到比较复杂的有稿剪纸，家中长辈了赵志国最直接的技艺传授。比如做难度颇高的脱稿剪纸，妈妈告诉他首先要做到的就是"意在剪子先"，心里有样子，用眼睛把样子"画"在纸上，才能做好脱稿剪纸。

相比于剪刀，赵志国更喜欢用刻刀，刻刀主要有垂直下刀法和划刀法，其中划刀法的使用让赵志国有一种对刀之锋利的驾驭感，所以相比于咔嚓咔嚓的大剪刀，赵志国更喜欢用刻刀。赵志国手中

赵志国《挑豆种》

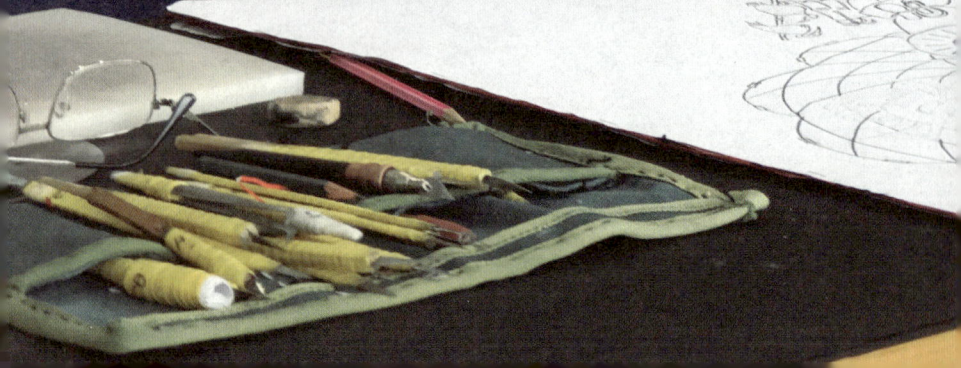

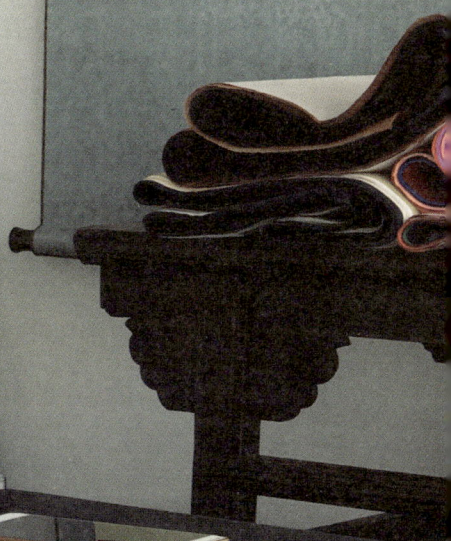

赵志国在刻纸

的刀有数十种之多，所有的刻刀都是他自己制作的，都是根据不同的刻纸需要量身定做的，有的是用普通刀片锉削而成的，有的是用手术刀改制的，每次刻上10来刀，就得磨一磨刀头。不同的粗细图案，所使用的刀也不尽相同，如此便能做到"刻厚的刀刀到位，刻薄的行云流水"。

无论使用什么样的刀，赵志国都坚持一个信念，这也是他的座右铭："剪纸永远都不等同绘画，一幅作品构图创意占了七成，而剪功只占三成。要想最大程度地表现一幅作品，一定要刀有刀味，剪有剪痕。"这寥寥几语，对赵志国而言是一字千金。刀味是对日常生活的情感嗅觉和细致观察，剪痕就是对剪纸题材的情趣传达。要把剪纸做得有意思，有人情味，有生活气息，这成了赵志国孜孜追求的创作真谛，他也一直在积极努力着，这背后是他对生活的无比热爱和细致观察。

医巫闾山剪纸用剪刀，直面宇宙、自然、命运与人生，大刀阔斧、直截了当地用剪纸述说苦难，用剪纸求神恩赐，将情感全部浓缩到这薄薄的纸片之中。那纸上的苍生，既有与大自然相厮相守的平和知足，也有与狂风暴雨搏击的凶悍野性。如回荡在草原上的蒙古长调，如奔腾在山林中的山间精灵，翻飞在山民手中的剪纸，那恢宏的气度，那豁达舒展的纹样，无不来自先民与大自然浑然一体的博大的精神世界。医巫闾山满族剪纸记录着医巫闾山的先民对生存于其间的自然生态无比珍爱和崇拜的情感，也记录着祖先顺应自然规律，精心保护这一方山水家园的生命历程和生存智慧！

老城盖州　老戏皮影

地处辽南、位于营口重地的盖州市，历史悠久，底蕴丰厚，辖区内西河口港是东北地区最早的通商口岸，"名闻八闽，声达三江"，是辽南地区经济发达、民族民间文化繁荣的历史文化名城。在此独特而深厚的文化滋养地，孕育和传承着一项至今仍广受欢迎的传统民间戏剧艺术——盖州皮影戏。2008年，盖州皮影戏入选第一批国家级非物质文化遗产扩展项目名录；2011年，盖州皮影戏与其他诸多皮影戏项目以"中国皮影戏"这一共同申报形式，入选联合国教科文组织人类非物质文化遗产代表作名录。

从"酬神娱人"到民俗文化

盖州皮影起源于明代，明万历二十一年（1593），辽阳私塾先生黄素志在校舍兴办皮影戏，教化众生。明末皮影迅速传入辽南重镇盖州，当时在盖州民间，人们把"演皮影"作为一种祭祀酬神的民俗活动，以祈求风调雨顺、稼禾丰收，此时皮影功能在于"酬神娱人"。

盖州皮影的最初表现方式是以手敲木鱼为伴奏演唱诵经调。至清代康熙、乾隆年间逐渐演变为以盲人算命用的"苏州蹦"（小三弦）及锣鼓等伴奏的联曲体"溜口影"，没有脚本，主要是即兴连缀演唱辽南民歌小调。

清康熙二十三年（1684）海禁解除，盖州城西大清河入海处的西河口，一度成为东北与关内通商的重要港口。据县志记载，当时"南北客商水江云集，车船辐辏，摩肩擦背"。海运贸易的发达，经济的活跃，带来民间文化的繁荣。相传盖州西河口有座南方船家修建的庙宇"果神庙"，每年正月二十举行祭神活动，唱五天大戏及皮影戏，还有秧歌、杂技、鼓乐等民间艺术表演，每日参加庙会人数达万人以上。清康熙年间，南方客商相继在盖州城内建四大会馆（三江、福建、山西、山东等会馆），以代理商务，同时提供了皮影演出所需要的场所。每逢正月初四、正月十五、四月二十三海神庙会等重大节庆日都要唱大戏、耍驴皮影、扭大秧歌等。据《盖平县志》记载，每逢庙会期间，各大会馆"灯月交辉，歌声嘹亮，几同不夜之城。一时游观者填塞街巷，其盛事也"。因此，盖州皮影艺术十分兴盛。由于当时盖州是辽南经济、文化的中心，所以盖州皮影也得以在辽南乃至整个关东扩散，形成了以盖州为中心的辽南皮影。

清道光年间（1821—1850），盖州城南芦屯堡老皮影艺人张振令首先向乐亭班拜师求学，学习先进技艺，致力于辽南盖州"老影"的革新，从影人造型到操演方法，从唱腔到伴奏音乐都进行了创新，并融入辽南地方民间特色，使盖州皮影由"溜口影"改为"书影"，即按影卷（剧本）演唱，并由联曲体发展为板腔体。由此形成了以盖州为中心的新关东影戏——"辽南影"，并在岫岩、海城、大石桥、瓦房店、庄河等地广为流传，到清末民初已趋完美。民国时期，盖州从事皮影活动的民间艺人（包括操演、伴奏、刻制）达300余人，民间皮影戏班遍及城乡，并游动于周边地区演出，也有的远走吉、黑等省演出。

新中国成立初期，盖州皮影颇为兴盛。著名皮影艺人史东阳在城内大堆子开设皮影社，设可容纳50多名观众的影棚，常年演出皮影戏，多为古典传统剧目，深受百姓欢迎。盖州乡村的影戏班也十分活跃，当时盖州城乡共有30多伙皮影班子，每逢年节、开海、挂锄、秋收、冬闲时，村村屯屯都要请影戏班子唱几天皮影，使唱影戏成为盖州民间一大民俗文化。

艺术形式多样，五行八作齐全

盖州皮影戏是深受辽南地区广大民众所喜爱的一项传统民间艺术，融雕刻、演唱、表演等多种形式于一体。

盖州皮影的影人制作，多以幼龄毛驴之皮为上乘，驴皮经处理后，按图样雕刻，然后染以矿物色，驴皮薄且透明无血斑，刻出的影件通透艳丽。

盖州影人的"头茬"不到2寸，是人物的头脸、冠戴的一个组成部件。根据不同戏剧人物、不同性格分别显示忠奸善恶。影人的"戳子"，一般高8寸，是影人的躯干部分，由胸、腹、腿、臂、手等10个部件组成，连接处用针通过骨眼打结连缀。戳子有文武之分，服饰、色彩、图案各异。此外还刻有道具，花、鸟、虫、鱼等应有尽有。

盖州皮影戏的演出要搭一高台，三面遮好后，正面要置一大约长8尺、宽3尺，用龙章粉莲纸或漂白布制成的影窗，窗内置一巨灯（油灯）。艺人在里面一边演唱，一边映着灯光操纵影人，使其活动于窗上，观众即可在窗前观赏皮影戏。

盖州皮影戏人物行当齐全，有生、旦、净、髯、丑五种，人物

皮影 "头茬"

千姿百态，剧情千变万化，场面五彩缤纷。戏台两侧一般要有对联，如"一口能传千古事，两手举起百万兵"，"喜怒哀乐形影不离窗户下，生旦末丑进退尽于手掌中"，"隔着一层纸偏要出头露面，靦着半拉脸硬强谈古论今"，等等，语言精妙而贴切。

盖州皮影戏的影班，一般由5~9人组成，标准为8人，演出时分文、武场两大部分，文场为吹拉，武场为敲打。以木板四胡为主乐件，演出中以负责拉、打、贴、拿的四人为主，拉是拉四胡，打是司鼓，贴和拿是两位操纵影人者，所有参演人员，除分担角色外，均参加演唱。

盖州皮影音乐、唱腔优美，委婉动听。唱腔主要分为影调、外调、杂牌三种。音乐具有明显的辽南地方特色，其中大悲调凄楚哀婉，如泣如诉，催人泪下，十分感人。盖州皮影戏唱词格式具有独特性，词牌有固定格式，如"三顶七"词格，则从三字句写到七字句，每式两句，格式为三三、四四、五五、六六、七七等，一般不可破格。还有三栓、搭拉句子、啰唆句子等，句式结构严谨而独特。

民间艺术民间传承，前路漫漫

盖州皮影戏的演出活动与民俗事项息息相关，经常活跃于各种民俗活动中。新中国成立以前的皮影活动主要分为五种类型：愿影，即为还愿、谢神演唱皮影；寿影，为老人庆贺寿辰演唱皮影；喜影，因生子、登科、升迁、开业演唱皮影；乐影，为村会所办，庆贺灾情解除或喜庆丰收而演唱皮影；丧影，为办丧事、超度亡灵而演唱皮影。

近年来，随着电视、网络等多种新媒介的介入和传播，皮影戏演出市场逐渐萎缩，目前盖州皮影戏主要靠国家级"非遗"代表性传承人林世敏领班的盖州皮影艺术团在省内各地进行适应不同群体需要的皮影展演活动。林世敏自幼十分喜爱皮影艺术，每逢有皮影演出都前去观看，凭着对皮影艺术的浓厚兴趣，她18岁拜盖州市著名皮影艺人王生太为师，学唱生角和旦角，逐渐形成了细腻柔韧、娇美委婉的表演风格。后又刻苦学习、钻研皮影雕刻技艺，熟练掌握了刮制、描样、雕镂、着色、上油、订缀等传统工序，使其作品线条流畅生动、色彩透明持久，特别是在人物造型上注重写实感，贴近生活，并借鉴戏曲的装饰风格，使整体形象更加逼真传神。

1983年，林世敏接手师傅的皮影班，开始组织皮影戏演出活动，至今已有40余年。团内演员不到10人，在林世敏的组织带领下，他们每年前往各地演出多达百余场，演出剧目70多部，其中比较有代表性的传统剧目有《杨家将》《全家福》等，现代剧目有《鹤与龟》《喜鹊斗毒蛇》等。演出中仍设影窗，演员在幕窗后操影并说唱，用乡音俚语演出民间历史传说及新编现实故事，内容贴近百姓生活，语言通俗亲切，深受人们喜爱。林世敏和她的队员们也希望这门土生土长的家乡皮影戏可以唱响更多城市，唱进更多人的心里。

技精艺湛玛瑙雕

民间素有"千种玛瑙万种玉"之说，作为中档宝石的玛瑙，以其为材料经由手工雕刻的艺术品在中国玉文化中是一朵独具魅力的奇葩。因玛瑙有多种美丽的颜色，天然形成的千姿百态的纹带和花纹，晶莹剔透的质地，高达七度左右的硬度，经过多种俏色的运用便可以创作出奇妙的艺术珍品。自古以来，玛瑙手工雕刻艺术品备受人们的喜爱。阜新是我国主要的玛瑙产地、加工地和玛瑙制品的集散地，以此特色资源为基础的手工雕刻技艺——阜新玛瑙雕，于2006年入选第一批国家级非物质文化遗产名录。

千年历史遗存见证厚重文化底色

距今约8000年的查海文化遗址出土玛瑙刮削器。

距今五六千年的红山文化遗址出土玉器、兽形玉佩、玉鱼等。

距今约1000年的辽代，阜新清河门辽墓出土莲花式盅及玛瑙管珠项链、酒杯、围棋等。

距今约300年的清代，留有佛光玛瑙朝珠、玛瑙鼻烟壶、龙盘等。

诸多的历史沉淀、文物遗存无不彰显着阜新这座城市的历史厚重。

阜新玛瑙雕已有约8000年的历史，它的技艺、作品的种类，主要包括素活和雅活。在新石器时代早期，金属尚未出现，更谈不上什么机器设备，勤劳智慧的祖先是用什么方法雕琢玉器的？这对现代人来说还是一个没有完全解开的谜。直到半个世纪前，琢玉的基本工具——木凳被人所发现，才让这个谜团有了被解开的可能。人坐在木凳上，双脚上下踩动踏板，踏板连着皮带，由轴连着砣片转动，左手持玉器逼近圆盘琢之。同时，右手攥一把有水的解玉沙，通过旋转砣片带上的砂粒磨琢玉料，使之成器。手脚并用之下，玛瑙雕刻作品有了最初的模样。后期随着电的普遍使用，加上各种用途的磨玉机的出现，玛瑙雕刻进入了一个全新时代。阜新的玛瑙制品可分为旅游纪念品、保健用品和雕刻作品三大类。旅游纪念品如胸坠、手镯、手链等；保健用品如玛瑙枕、手球等，销往全国各地，占领了全国80%左右的市场份额；雕刻作品今天仍为各大收藏家和私人爱好者所钟爱，成为展示和代表玛瑙雕刻技艺的珍品。

精雕细琢凸显玛瑙雕刻本色

所谓"玉不琢，不成器"，若想将玛瑙打造成玛瑙艺术品，需经过严格的雕刻工序，主要包括选料、剥皮、设计、抛光和配座等。选料时，要根据市场需要或客户要求，根据已确定的题材、雕件的尺寸的大小及艺术效果等要求，选择适于雕琢的玉料。比如客户提出定做一个高5寸左右玛瑙素活鼎，价钱及设计图案协商好后，选择一块能达到设计要求的玛瑙料就可以加工了。当然大多数情况下是根据玉料来设计，即所谓的"量材施艺"。

原料选好便进入剥皮环节。玛瑙料原石，尤其球状玛瑙石，往往表面都有一层氧化层，玉雕行话称之为"璞"，常常为黄色、黑灰

切开之后的玛瑙原石

色、红色等。里面是否有其他多种颜色？绺裂和纹理如何延伸？设计前必须要有所了解，故剥皮现其真面目，便于有的放矢地利用俏色及纹理进行巧妙设计。当然玛瑙好的表皮，不能随意剥去，有时可以利用该表面的颜色和质感进行设计，局部雕琢好了，可成为大朴不雕、逸味天然的神品，提高玉器的价值。

剥皮完成之后，便进入玛瑙雕刻技艺的核心环节——设计。一般说来，设计者往往根据玉料的颜色、块度、纹理和形状来设计雕琢题材，最大限度地利用该料，并使其产生最佳艺术效果，要做到"挖脏去绺""变瑕为瑜"。玛瑙雕琢最大的艺术魅力是在不断地雕琢中会出现意想不到的俏色和质地，需不断地修改设计，多次在雕件上描图。当然原定的主要玉雕材料通常不能随意改变，但调整有关局部内容，增删雕琢内容能够灵活处理，可达到巧夺天工之妙。

设计之后要进行粗雕，也可称为"做坯"，即用铡砣等工具切块分面，确定玉雕造型的基本轮廓，粗雕后的玉件呈几何形体，要求造型准确、周正、匀称、比例适中，这对后期的细雕非常重要。粗雕是整个玉器雕琢的基础，好的基础是玉雕成功的关键。

与粗雕相对应的便是细雕。细雕，顾名思义就是仔细雕琢。粗雕出玉件轮廓后必须经过细雕，才能完成玉件雕琢的全部工序。细雕的目的就是对玉雕造型进一步地精细刻画，使表现的花鸟鱼虫、人物山水、飞禽走兽从粗糙的轮廓状态变为精确的造型，逼真、有动感，从而达到栩栩如生的艺术效果。

雕件细雕完之后，要仔细观察整体艺术效果，如发现其中某部分比例不协调或局部雕刻不到位，需进行最后修改。还有一种情况是，尽管经过细雕与整修，该雕件的表面还是粗糙的，要选用合适的打磨工具精细地进行打磨，尽量减少粗糙程度，下一步抛光才能达到理想效果。

雕刻师在玛瑙上施展手艺

抛光是用非常细，但也很坚硬的抛光粉不断磨擦玉件表面，使玉件表面原有的磨痕逐渐消失，最后达到光亮的程度。没有抛光这道重要的工序，就显示不出玛瑙晶莹剔透、色彩斑斓的美丽。只有完美的抛光，才能使玛瑙表现出温润光洁的外表，才能使玉器具有高贵的气质，才能显现玛瑙玉器真实的价值。有些雕件为了保护其抛光的效果，还要在其表面施一薄层蜡，行话称之为"过蜡"，主要起到保护和使其美观的作用。

为使玛瑙玉件摆放更加美观，更加安全，便于运输和保存，高档的玉雕摆件是一定要配座和匣的。座的种类有木座、石座、铜座、铜镀座、珐琅座等，但材质以木质为多。座按造型可分为圆座、腰座、方形座等。按装饰纹样，又可分为云座、水座、素座、花座、银丝座、树根座等。在为高档的玛瑙雕件配底座时，要与作品的主题和风格相统一，雕刻的底座与雕件相得益彰，起到极好的烘托作用。匣是玉件的外包装，匣的种类有纸匣、布匣、锦匣、木匣、金属匣等，不论何种匣，内均应有软囊和隔层，这样才能确保玉件的安全。

素活技艺成就玛瑙雕刻一抹亮色

同一块玛瑙石上存在多种不同的俏色和纹理，把俏色和纹理融入素活的设计和制作之中是阜新玛瑙雕区别于和田白玉、岫玉素活的一个明显标志。素活是玉文化中的一个术语，由古代玉雕艺人仿照商、周、春秋战国时期的青铜器及有关器皿的造型演变而来，它有相对固定的造型式样和花纹。清代是中国玉文化发展的鼎盛时期，其间产生出大量优秀的素活珍品。

玛瑙素活技艺反映的是中国传统的造型艺术，器型如鼎、熏、炉等，雕刻时用材考究，料不能有瑕疵和绺裂。商周的鼎，原是由青铜铸成，最早用来烹煮食物，后来演变成权力和地位的象征。玛瑙素活技艺不仅在器型上与鼎相近，关键是材质上通过俏色的艺术运用，赋予它"一言九鼎""诚信"等文化内涵。再如花熏，古代青铜器的花熏是用来熏香或烧炭取暖用的，用玛瑙雕成的花熏把它艺术化了，主要作为艺术观赏用。俏色的运用使之增加了新的色彩变化，尤其是其中的"开链"（玉雕术语，用一块玉料雕刻出与玉器相连的链条）技艺反映出玛瑙雕刻巧夺天工的神韵。

除了"开链"，还有诸多巧夺天工的绝技在一代代玛瑙雕刻匠人手中传承实践着。"打钻掏膛"，是在做素活时，先在炉口用钻打孔，取出钻心料，再用合适的膛锤将炉膛逐步扩大掏好。"取链活环"，是一种突破玉石固有的位置和长度，使玉料充分利用的技艺，而且能使玉雕制品的造型更加玲珑剔透和丰富多彩。"活链"又称"取链"，其制作过程分为剌条（抽条）、剌十字（起股）、掐节（分瓣）、活环（脱环）四个步骤，其中的活环制作工艺还可细分为掐环、打眼、搜环、找圆四个步骤。"肩耳制作"，素活玉雕器皿的肩耳有两种：一种是位于肩侧部位的耳，多被称为"头"，而"头"一般都带活环；另一种位于玉器的颈部两侧，一般称为"颈耳"，颈耳一般不带活环，但多做镂空雕，具体做法与活环制作工艺相近。"透雕活球"，素活中有很多有装饰性的圆球，所谓"活球"就是球中含若干个球，每个球中之球都能自由转动，这是采取一种极难的透雕工艺渐进完成的。"装饰雕刻"，素活中广泛应用装饰雕刻，有圆雕（如盖钮兽、耳兽）、浮雕（上面子）、镂空雕、阴线刻等不同的装饰雕刻技法。

玛瑙被视为美丽、幸福、吉祥、富贵的象征，从千年风雨洗礼中传承至今的玛瑙雕刻技艺也被当地的能工巧匠们代代相传，他们以自己的精雕细琢打磨着独一无二的玛瑙玉石，他们以匠人之心守护着"物阜民丰，焕然一新"——阜新，这座"玛瑙之乡""玛瑙之城"。随着玛瑙雕刻及其作品"飞入寻常百姓家"，阜新玛瑙雕这一璀璨的名片也将释放出更加耀眼的光彩，为世人所推崇。

乐动民间三百年

鼓乐是中华民族文化历史长河中流传久远的民族音乐瑰宝，相传早在秦汉之际民间就已出现了鼓乐，传承至今，在全国多地均有分布。在辽宁省辽阳市，同样也传承着这样一项传统民间音乐形式，至今已有300多年历史。作为一种民间音乐和民俗音乐，辽阳鼓乐是一定历史时期辽阳地区劳动人民生活习俗的记载和反映。2006年，辽宁（辽阳）鼓乐入选第一批国家级非物质文化遗产名录。

追寻：文化古城内的传统民间音乐

辽阳市是一座有着2400多年历史的文化古城，这里物华天宝、人杰地灵，曾是春秋时期燕国辽郡首府，秦汉时期为辽东郡治，唐代为安东都护府治，明代为辽都司续域，清太祖努尔哈赤曾在这里建都（东京城），这里还是曹雪芹的祖籍、王尔烈的故乡……在历史上，辽阳一直是东北地区的政治、经济、文化中心，民间鼓乐便在这座城里流传至今。

通过历史考证，辽阳地区早期的鼓乐活动雏形可追溯到汉魏时期。从20世纪50年代初辽阳地区出土的汉墓壁画中可以看出：在1700多年前的汉魏时期，辽阳就有了民间音乐和其他艺术形式，特别是棒台子、北圆两座汉墓内的彩绘《百戏图》上题有"鼓吹演跌欢戏"六字，图中所绘不仅有抛球、耍剑、蹬轮、舞绸等歌舞杂技表演，而且还有一个包括吹、打、弹、唱在内的乐队伴奏，其中可识别的乐器包括葫芦笙、木鼓等。《百戏图》证明，辽阳民间鼓乐与汉魏时期辽阳地区的鼓吹演跌戏有着不可割舍的历史渊源。

据统计，近100多年的历史中辽阳地区比较有代表性的鼓乐班有辽阳县刘二堡镇山东村王家鼓乐班、辽阳县穆家镇接官村解家鼓乐班和张家鼓乐班、辽阳县柳壕乡黄套村张家鼓乐班、弓长岭区苏家街道田家鼓乐班、灯塔市西马峰镇上岗子村赵家鼓乐班、灯塔市王家鼓乐班等。这些传统鼓乐班都是家族相传，有100~200年的历史。通过老艺人的口述回忆，能找到完整的传承谱系，足以说明辽阳地区民间鼓乐活动的丰厚遗存。

吹奏：场合不同曲目不同

辽阳民间鼓乐主要用于民间婚丧嫁娶、祭祀等民俗活动，有着深厚的群众基础。吹奏时，传统乐队人数一般为6~7人。如果举办婚、丧事的人家仪式多、规模大，有时要雇用两个乐队轮番演奏，以示排场，艺人们称这种形式为"对棚"，"对棚"时每个乐队还要增加1~2人。乐队队员除演奏自己所负责的乐器外，还要兼奏其他乐器，用艺人的话来说，都得"能围桌子转一圈"。以6人组成的乐队所用乐器一般有大、小唢呐两支，堂鼓一面，小钹一副，乐子一个，包锣一面，婚事用小唢呐和堂鼓、小钹和乐子，丧事用大唢呐和堂鼓、小钹、乐子、包锣。

辽阳鼓乐的鼓乐曲有汉曲、大牌子曲、小牌子曲、锣板曲、笙管曲。汉曲又称"汉吹曲"，只用于丧事，其基本结构可分为引子—身子—尾巴—梢头。"引子"开始演奏时有一至两节散奏,上板后,一板三眼到底。"身子"是乐曲的骨干,慢板(一板三眼)可反复多次,由慢到快。"尾巴"可分几段,有的曲子是专用,也有的是几个"尾巴"连接在一起,用在一个乐曲之后做"尾巴",如《小讴天歌》《绵老絮》《火石调子》等。

大牌子曲在婚丧事中都可使用,其结构复杂,节奏变化多端,整个曲牌板式不固定,常在慢板中夹有"打手"和川板(一板变两板)。基本结构是身子—尾巴—出鼓—工尺上(或其他小曲)。"身子"长短不一,段式不一,个别的曲牌前面有"引子"(如《一枝花》)。大牌子曲的突出特点是在"身子"和"尾巴"中分别有"打手"和"出鼓"(即"下鼓茬")。"打手"是落在乐曲("身子")中某个音上,并围绕该音即兴"加花"演奏(常用散奏)。大牌子曲的代表曲目有《四来》《一枝花》《哪吒令》等。

小牌子曲多用于喜庆场面,只有一少部分用于丧事。它的结构更简单,只有"身子",基本的曲子在速度上有变化。锣板曲,多用于丧事,只有一部分用于喜事(如《画眉序》)。笙管曲,艺人称之为"上细",也叫吹"大哨"。也就是说,吹管的哨片比较大,就叫吹"大哨",多半用在丧事中的"上祭"。

变奏:考验艺人吹奏技巧的不凡技艺

鼓乐曲的曲谱是用"工尺"字的记谱法来记录的,这种记谱法只是个比较简单的旋律骨架,艺人称它为"老本谱"(或"老本母")。在实际演奏中,艺人需要"加手法"去演奏。所谓"加手法"就是在"老本谱"的基础上,根据师承或个人习惯进行各种不

鼓乐班登台献艺

同的变奏，以使吹奏效果比基本曲调要丰富得多。鼓乐曲的变奏手法基本有两种："加花"和"借字转调"。

"加花"是我国民间音乐普遍运用的一种变奏手法。它不但能给乐曲增添华彩和感染力，又能使同一个曲调变化出各种不同的风格色彩来，其方法有"换字加花""装饰加花""减字加花"和"填字加花"。"换字加花"是把原曲里的某个音换成另一个音，使整个乐曲的风格相应发生变化；"装饰加花"是在原曲的骨干音的基础上，加上一些辅助音和装饰音；"减字加花"是在"加花"后的曲调中减去不奏"加花"谱，或到流水板速度快的情况下，把原曲中不重要的音减掉，只奏骨干音。"填字加花"是比较常用的，就是把原曲一拍子的四分音符变成两个八分音符或四个十六分音符，或一个八分音符变成两个十六分音符来演奏。

"借字转调"，就是艺人将唢呐上的某一指孔的发音（如第二指孔的"工"音），一律"借用"相邻指孔的发音（如第三孔的"凡"音）代替，这种方法艺人称之为"借字"，但实际上已构成转调。"借字"的方法有"压上""单借字""双借字""三借字"四种。

作为秦汉以来我国古典鼓乐在东北传袭演变的一个重要分支，辽阳民间鼓乐的音乐旋律高亢激扬，韵味古朴悠长，有着极强的艺术感染力。在民俗活动仍旧频繁的古城辽阳，民间鼓乐仍以其鲜明的艺术个性吹奏着300年来的悠扬鼓韵，声声不息。

黑土地上的快乐良药

　　所谓"一方水土养一方人，一方山水有一方风情"，在辽宁这片广袤的黑土地上，孕育着厚重的历史文化和多彩的非物质文化遗产，其中家喻户晓甚至传遍大江南北的二人转不可不提。作为黑土地上土生土长的民间艺术，二人转热辣奔放、风趣幽默。2006年，东北二人转入选第一批国家级非物质文化遗产名录。

"南靠浪，北靠唱，西讲板头，东耍棒"

　　二人转，早年称"蹦蹦"，亦称"小秧歌""双玩意儿""对口""双条对边曲""凤柳""春歌""半班戏""东北地方戏"等。"二人转"之名是新中国成立后才流行开来的正式叫法。新中国成立前这个名字最早见于1934年4月27日《泰东日报》第七版："……本城（阿城）三道街某茶馆，迩来未识由某乡邀来演二人转者，一起数人，即乡间蹦蹦，美其名曰'莲花落'，每日装扮各种角色，表演唱曲……"1952年末，辽宁省举行民间艺术会演，此期间，艺人们提出将"蹦蹦"改称为"二人转"。

　　辽北的二人转是在秧歌的基础上逐步形成和兴起的。温占林回忆说："我师爷是唱秧歌的（指唱二人转），艺名关大棒子，他是康平人，手拿一根柳木棒，演唱时用它打脑袋，打得啷啷直响，群众送名：关大棒子。"而秧歌在辽北的历史是悠久的，1000多年前的辽代，银州（今铁岭）、咸州（今开原）就出现了秧歌。康熙初年，铁岭城内举行元宵灯会，是夜秧歌满街。开始，二人转的演唱是很简单的，没有伴奏，只有二人干唱，是和秧歌在一起演唱的。据老艺人朱维山（艺名"一汪水"）说："听师父讲老前辈唱秧歌打清场，出对子，唱民歌小调。"84岁的老艺人石守义说："秧歌打场后，唱秧歌柳子，是抓词编演。如'那院唱完这院来，这院发福啊那院生财，发福生财多么不错呀，唱段秧歌喜开怀'。"由此也可证明，二人转就是这样在秧歌的基础上形成了早期雏形。

二人转在200多年的发展过程中，形成了东、西、南、北四个流派。东路以吉林市为重点，舞彩棒，有武打成分；西路以辽宁黑山县为重点，受河北莲花落影响较多，讲究板头；南路以辽宁营口为重点，受大秧歌影响较多，歌舞并重；北路以黑龙江为重点，受当地民歌影响，唱腔优美。曾有"南靠浪，北靠唱，西讲板头，东要棒"的谚语。而辽北因其独特的地理位置，即正处于南北交通流动线上，位于辽河大平原的中央地带，传统农业文明发达，南来北往的各类艺人常常会聚或逗留于此，因此综合了各派艺术之长，说、唱、扮、舞、绝，门类齐全。尤其是西路的板头、辽南的歌舞，技艺高超，形成了极其丰富的传统二人转表演艺术。辽北作为长期以来二人转演出的"老窝"，以自己独特的歌舞二人转艺术风格继承发展着这门乡土艺术，在20世纪80年代更以其在舞蹈、音乐方面的独特魅力享誉东北三省。

"千军万马，全靠咱俩"

二人转，顾名思义，主要是由一旦一丑进行走唱表演的综合性艺术。旦叫"上妆"，包头的，丑称"下妆"。由于早期的二人转没有女艺人，故旦角为男扮女装，整个演出"千军万马，全靠咱俩"。即便是两个人，也有严格的演出程式。

为了招引观众，演出一般由秧歌锣鼓的头鼓、二鼓、三鼓开始，聚拢观众之后，丑角上场喊"要想卖，头朝外，船家打桨划过来"，以此引旦角上场，二人共舞"三场舞"。热身舞后，旦角下场，丑角"起霸"接"喊诗头"，"诗头"类似戏曲的"自报家门"或"定场诗"，多数诗头与正剧无关，只是为了静场。随即旦角上场，与丑角"说口"。"说口"可分为零口、定口和套口："零口"是艺人见景生情，逢场作戏，现编现说的口语；"定口"是与剧情紧密相关的念白，包括交代情节、人物对话等；"套口"多为与剧情无关联的民间故事及笑话。这些前戏准备充足后，方才进行唱小帽、唱正文的二人转正场演出。

二人转的演出讲究"唱、扮、说、舞、绝"，这也是最基本的五功，艺人运用分包赶角、跳出跳入（或叫化出化入）等方式持续释放二人转的魅力，拉近与百姓的距离。辽北二人转艺人也在长期的艺术实践中，根据当地民俗、习惯、爱好等特点，逐步形成了自身的演唱、舞蹈并重的艺术风格。《大西厢》《蓝桥会》《包公赔情》等300多个朗朗上口的二人转曲目曲调细腻，唱腔优美动人，唱词诙谐幽默，富有生活气息，成为独属于东北的"二人转味儿"。

东北二人转（铁岭二人转）《朱元璋斩婿》

"宁舍一顿饭，不舍二人转"

二人转专家崔凯曾写过一段歌词，特别能说明二人转与东北人的感情，"黑土地为根，长白山做魂。风雪铸筋骨，江河融精神。二人转，东北人，血脉相连，辈辈亲，打着骨头连着筋。那手绢转的是火辣辣的情，唢呐吹出的是滚烫烫的心"。"宁舍一顿饭，不舍二人转"也是东北人与二人转这种割舍不断的紧密关系的最好注脚。

东北四季分明，冬季漫长，农村有"猫冬"的生活习惯，从秋收完了到第二年清明节前后，大约有4~5个月的时间处于农闲。在这漫长的时间里，在艺术生活匮乏的东北农村，二人转便成了当时人们"穷欢乐"的主要途径。二人转的观众与演员的关系从一开始就打破了心理和物理上距离，用一句艺谚来概括就是"不隔语，不隔音，不隔心"。

所谓"不隔语"，二人转始终注意在生活中提炼群众最熟悉的语言，形象生动，自然亲切，通俗易懂。唱词中的扎心段、实惠嗑儿、骨头话、喜兴词和优美句，还有"说口"，都是用家乡话跟乡亲唠知心嗑儿，不但要句句入耳，还要句句动心。"不隔音"体现在唱腔音乐上，也正是唱腔音乐促成了地方戏曲剧种或曲种形成各自的特色。二人转的音调，是东北人民群众情感的体现，群众的喜悦与愤怒，悲哀与欢乐，都表现在二人转的唱腔音乐之中。二人转的唱腔极为丰富，有"九腔十八调，七十二嗨嗨"之说。其中"抱板"是二人转中较有特色的唱腔之一，它一般用在唱段的结尾部分，随着速度与节拍的加快，将表演推向高潮，这也极为考验艺人的唱功。"不隔心"是指二人转演员与观众的关系很特别，他们把观众当作自己的知心朋友来看，时时刻刻注意观众的审美变化。好的演员往往"眼观六路，耳听八方，随机应变"。演员唱正戏之前先整一个"说口"，唱一个"小帽"，试一试今天的观众喜欢什么，愿意听什么、看什么。根据现场观众的喜好，来决定今天使什么活儿、唱什么戏。二人转始终以观众为中心，不断地创新，不断地变化，不断地吸收新的表演元素来完善自己。二人转至今依然活跃在城市与乡村，深深地扎根在东北人的心里，常演不衰。

作为东北特定的地理、历史和文化风情的产物，二人转体现着东北黑土地的民俗文化，在演出形式上，能看出东北人爽朗、豪放的性格，能看出严酷的自然条件下，东北人苦中作乐的幽默与乐观。从二人转对其他艺术门类与品种的借鉴与融合上，可看出外来人口向东北广袤的黑土地漫长的历史迁徙……作为传承了300多年的传统民间艺术形式，二人转仍以其独有的韵味娱乐着这里的人们，成为这片黑土地上无可替代的快乐良药。

沧海寻根雁归来

历史上的辽河口二界沟小镇一直是打鱼人的落脚聚集之地，他们像候鸟一样南北迁徙，追逐着洄游的鱼虾而生存着，被称为"渔雁"。由于"渔雁"的行踪是水路、陆路并进，因而"渔雁"又有"水雁"和"陆雁"之称。他们在不停的迁徙中享用大自然的恩赐，挑战恶劣的环境，过着"生吃螃蟹、活吃虾"的渔猎生活。如今，这一群体已经从现实语境中消失，所以当人们提到这个群体时习惯在前面冠上一个"古"字，称之为"古渔雁"。2006年，古渔雁民间故事入选第一批国家级非物质文化遗产名录。

作为一个族群的"古渔雁"

"渔雁"式的季节性迁徙捕捞是原始渔猎生存方式，随着时代的发展，在世界各地以及我国其他江河入海口多已绝迹断行，所幸的是目前辽河入海口仍有这一古老生计的遗存。据考证，辽河入海口大规模的"古渔雁"迁徙已于1931年停止。如今二界沟90岁以上的老人中，尚有一些老的"陆雁"还健在。据这些老人讲述，虽然20世纪30年代已有了火车，但"渔雁"从来不坐火车。"陆雁"是春秋时节随大雁而来，从冀中平原的文安洼、冀东的乐亭出发，经过11天的跋涉，徒步走到辽河口海域的二界沟。到秋天，再随南飞

1988年，刘则亭在船上讲故事

的大雁返回冀中平原。直至现在，冀中文安洼的打鱼船（"水雁"）仍春来秋往于二界沟。人们目前仍能见到的经水、陆两线迁徙在辽河口落脚的打鱼人，可以说是远古时期"古渔雁"远程迁徙捕捞的一个缩影。

由于生计的特殊性，"古渔雁"民间文学与内陆山川、平原、草原以及其他海岛区域的口头文学多有不同，在内容与形式上都带有鲜明的"渔雁"生计特点和原始文化的韵味。随着这一生计在我国沿海及世界各地的海口区域基本消失，与之相关的"古渔雁"民间文学也濒临消亡。基于此，辽河入海口二界沟尚存的"古渔雁"民间文学犹显珍贵，这些文学对"古渔雁"群体的精神信仰、祖先祭祀、生存智慧、群体中的英雄人物等有全方位、广角度的反映，承载着丰厚的原始渔猎文化内涵。

作为一种口承叙事的古渔雁民间故事

古渔雁民间故事作为千百年来在辽河口海域从事迁徙捕捞这一特殊生计群体的口承叙事，与辽河口海域渔民的生产、生活、习俗传统以及渔船网具等捕捞工具的发明创造相生相伴，密切关联，其故事内容丰富多样。

对"古渔雁"始祖的追怀。辽河口海域古渔雁民间故事承袭着远古的渔猎文明，保留有丰富的远古渔猎文化信息及对始祖的崇拜，如《七飞八跑》《三刺鱼叉》《三仙姑》《大王鱼》《舵在蓬后》《始祖造渔船》《始祖造网》《女娲用蛤蜊牛钉天》《祭三祖》等故事均是这一类型。

对海神和龙王的崇拜。对海神和龙王的崇拜是"古渔雁"民间文学的重要内容，如《海神娘娘》《女海神粘姑》《观音治歪道》《观音治鳌鱼》《铁锚神》《告海蜇》《大黑龙的传说》《青龙开沟》《四海皆兄弟》《根儿救龙女》《红娘鱼》等。

对远古时代"渔雁"生活足迹的描述。这类作品大多讲述远古时代的"古渔雁"如何沿着海岸线随着季节打鱼，所行路程多么遥远，每到一处河口就滞留下一部分人，以及与世界各沿海地区各种不同肤色的"渔雁"同行和谐相处的故事。代表性作品主要有《盘古和女娲造生灵》《女娲的传说》《绘海找妻》《渔雁芦》《四海皆兄弟》等。

对"古渔雁"群体中英雄人物的颂扬，对大自然尤其海洋资源与动植物的崇拜、热爱，对"古渔雁"生产、生活中祭祀与庆典起源的追溯，对"古渔雁"使用的渔船网具等捕捞工具的起源与演变的讲述等，如《海涛井》《人要有个好心眼》《铁锚神》《树叫潮》《雁飞船的来历》《开海日》《放海灯》等。

作为"别一种"口述史的文化记忆

辽河口海域处的二界沟镇是一个古老渔镇，"古渔雁"民间文学离不开海域的孕育，更离不开渔事、渔俗等活动的依托。"古渔雁"生活在渔船上，生活在海边，识字的人极少，几乎所有的航海、鱼捞、祭祀等渔俗知识与技艺都是依靠口传下来的，传承的内容与方式可谓既简单又原始。同时，由于这一古老生计的封闭性与隔绝性，"古渔雁"民间文学发展缓慢，变化较少。新船下水、开海日、树鳌鱼旗、放海灯、陆地加工、造船织网等渔事活动、渔俗仪式，都有许多民间文学点缀其中，依附上，以壮声色。这也是"古渔雁"

刘则亭讲述铁锚的故事

民间文学独有的特色，也是其本质性的特征。

与内陆地区民间文学的显著不同之处就是，古渔雁民间故事作品内容带有"海味"，带有鲜明的行业特点。由于海上生产风浪大、船上的空间有限，再加上追随潮汛打鱼捕捞，休息时间短暂，因而古渔雁民间故事表现形式上较为简单，篇幅也短小精悍。尽管"古渔雁"群体与陆地山川的人群交流很少，但也有些陆地山川的传说与故事被各地的"渔雁"们携带到海口，混融其中，使"古渔雁"民间文学更加丰富多彩。

近现代以来，我国沿海地区的民众多已进入半定居的渔猎生产和定居的农耕生活。而辽河口海域因其独特的地理位置和资源构成，仍吸引着一部分"古渔雁"的后裔，沿袭和固守着祖辈的迁移性捕捞生计。尽管这部分"古渔雁"的后裔在其生产、生活中已部分地使用了现代工业文明的成果（如机械化的网、船、锚、指南针以及一些生活用具等），但始终没有中止春来秋往的"渔雁"式迁徙生活。辽河口"古渔雁"民间文学，以"别一种"的口述史方式，对远古发展至近现代的"古渔雁"群体的生存史与生命史，对渔猎文明的起源、发展和演进做了鲜活的阐释。

辽河口海域的"古渔雁"群体以口耳相传的古老方式传承至今的神话、传说、故事、歌谣、谚语等民间故事，是流淌在民众口中的活态的文化史，是对"古渔雁"群体的日常生活及文化创造全方位的反映与展现。尤其在此地流传的一些有关渔船网具的发明创造与工艺改进的传说，以及体现"古渔雁"生计如何与自然生态环境协调发展，具有传授生产技术、生活知识功能的故事、谚语等，为旧时单调、封闭的"古渔雁"群体的日常生活注入了色彩与生气，是"古渔雁"群体重要的精神食粮，堪称古老渔猎文明的活化石。

月光灯影里的不老记忆

　　凌源，位于辽宁、河北、内蒙古三省区交会处，不仅连接京沈，也是沟通内蒙古自治区腹地与沿海港的交通要冲。这座丘陵广布的城市，因大凌河由此发源而得名，因一项古老的民间艺术的孕育和继承而展现出一种独特的文化吸引力。凌源皮影，恰似月光倾洒、琴声咿呀时便会复活的不老记忆，在凌源的夜色中演绎着斑斓的传奇。2006年，凌源皮影戏入选第一批国家级非物质文化遗产名录。2011年，凌源皮影戏与国内其他皮影戏一道以"中国皮影戏"名义入选联合国教科文组织人类非物质文化遗产代表作。

回溯：文化的反哺

　　文化或者技艺的传播或是肇始于生活的需要，或是借助于历史的契机。凌源皮影艺术的形成也是如此。我国皮影戏主要分为以冀东滦州皮影为代表的北方皮影、以陕西皮影为代表的西部皮影、以江浙湖广为代表的中南部皮影这三大流派。而在北方皮影戏中，河北滦州皮影发展最快。明清时期，滦州影戏在北京兴盛后，又从冀东传到辽宁、吉林、黑龙江等地，与各地的风俗习惯相结合，形成各具特色的支脉。凌源皮影戏便是其中重要的一支，距今已有300多年的历史。

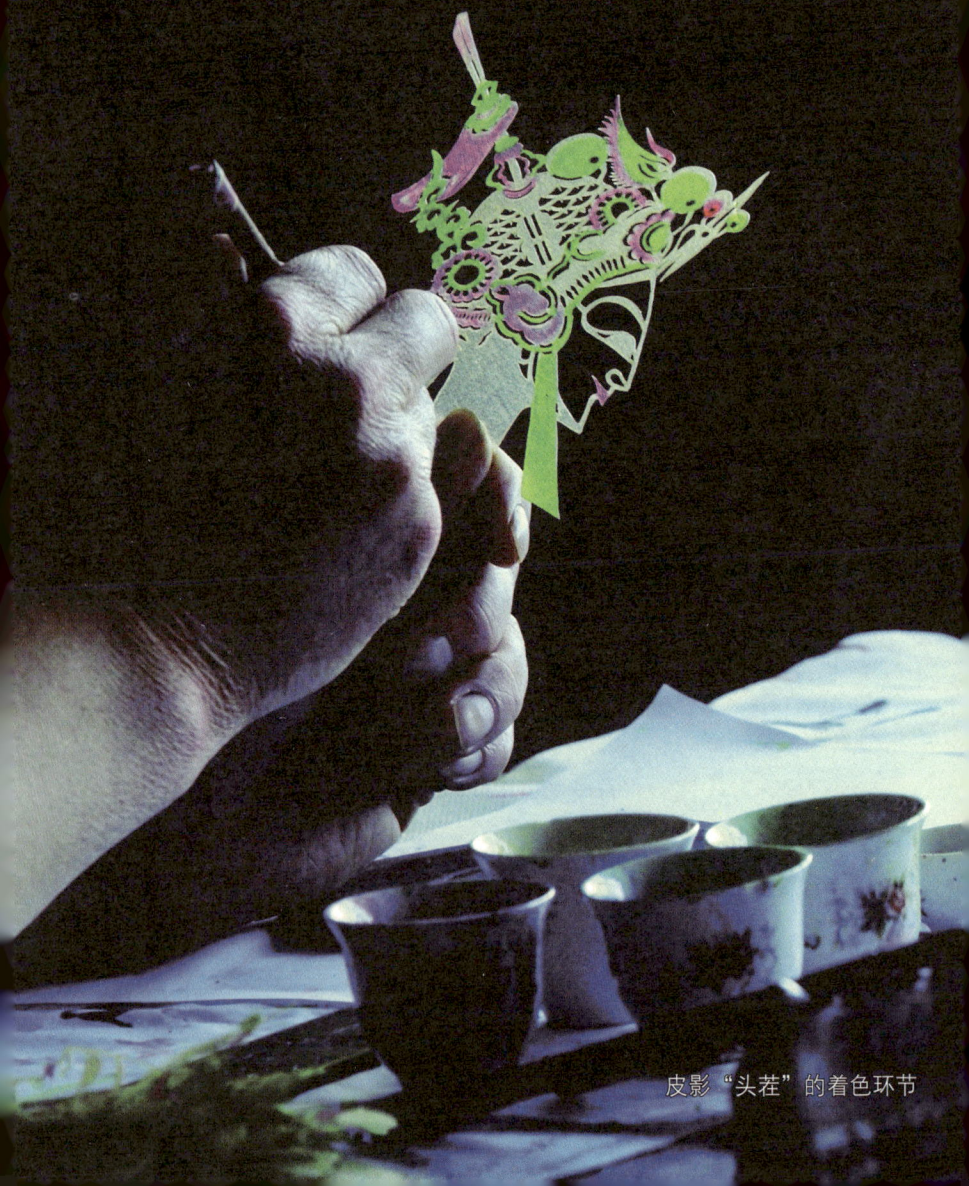

皮影 "头茬" 的着色环节

因为师出同源，凌源皮影深深地打上了滦州皮影的"烙痕"。从唱腔到影人造型，与滦州皮影基本一致。但经过漫长岁月的演绎，凌源皮影融入了不少东北因素，逐渐本地化，发展出了自己的特色。

其中，最明显的特色就是节奏快。按照当地影迷的说法，凌源皮影的那股"赶劲儿"，好似枪急马快，非常符合东北人豪爽的脾气和秉性。另外，关内的影人多是小眼睛、狭长眼，而凌源的影人则更为符合东北人的审美，浓眉大眼，气宇轩昂。

而生活在凌源这片质朴、厚实土地上的人，也给凌源皮影戏提供着不衰的人气，成了这个古老民间艺术最大的依仗。凌源人爱皮影，凌源多皮影戏迷。20世纪初期，凌源皮影从影人的造型制作、影戏的演技唱腔和流行地域上来说，都达到了历史的巅峰。当时有很多乡绅大户，都以请名师刻制影人，私养影班为荣耀，在这种情况下，皮影艺术空前发展，能人辈出。在那时候，许多没念过书的人的历史知识和对于忠孝节义的理解，都是从皮影戏中得来的。

时间流转，凌源人唱影、听影、谈影、爱影之心不变。如今，当地几位皮影爱好者成立了皮影文化产业公司，为皮影戏找市场。同时，他们还建立了皮影艺术培训基地，聘请皮影艺人，免费教授皮影爱好者。今日今时，凌源皮影已经开始"反哺"发源地，许多艺人被请到河北演出，有些已经成为当地戏班的顶梁柱。"很多皮影艺人一年有好几个月都在河北滦州市等地演出，只有农忙的季节回来一趟。毫不夸张地说，河北滦州市唱皮影已经离不开我们凌源皮影艺人，凌源皮影大量填补了唐山皮影市场。"凌源市非物质文化遗产保护中心主任尹占民自豪地说。

听影：复活的盛会

夜色渐浓，凌源市凌河广场上，一场皮影戏正演得热闹。急促紧凑的锣鼓点和着高亢激越的唱腔，飘荡在夏日的夜空。影卷、影人、唱腔、锣鼓、四弦……所有的一切都跟传统影戏的表演别无二致，唯一不同的是演出字幕的添加。如今，在城镇演出的班子一般都配有字幕机，主要是为了吸引年轻观众，扩大市场。老观众听惯唱词，年轻人却很难听懂，难免兴味索然。添加字幕，只是一个较为简单的技术手段，但对增加市场的影响力却发挥着不容忽视的作用，现在凌源皮影的观众基本上能达到老中青相结合了。

拉四弦和小三弦、打云板、敲班鼓等伴奏者一一坐定，刹那间，乐器和清亮的女声同时响起，配合着行云流水的皮影动作，给观众带来视觉和听觉的双重享受。或许，正兴致勃勃观影的人并不会知道，这种艺术形式曾经一度式微，眼前看到的是再度复活的盛会。

凌源皮影自成规模后，经历了一段漫长的繁荣期，并于20世纪初到达了顶峰，发散出灼人的艺术能量。据当地老人回忆，新中国成立前凌源城可谓影戏连台，正月十五唱"灯会影"，三月三唱"祭河神影"，四月二十八唱"娘娘影"，五月初五唱"雹神影"，五月十三唱"关帝影"，六月二十四唱"龙王影"，七月初七唱"喜鹊影"，马下骡驹唱"骡子影"，庆贺丰收唱"喜庆影"，因事许愿唱"愿心影"，为老人祝寿唱"庆寿影"……那时凌源人有句俗话："过节听不上灯影腔，再好的酒肉也不香。"

20世纪70年代，凌源皮影在经历了发展的低谷之后，终于迎来了希望的曙光。1972年朝阳行政公署发出指示，在凌源松岭子公社

传统的皮影戏演出配上了字幕机

三皇庙大队设立皮影演新、唱新试点，先后演出《龙江颂》《红嫂》《海霞》等剧目，随后又在三皇庙大队召开演新、唱新现场会，推广其经验。1976年正式恢复传统皮影戏演唱，至此，皮影戏在凌源焕发了新的生命活力。

"一口叙述千古事，双手对舞百万兵。"凌源皮影以一方幕布展示广大天地、古今传奇和充溢其间的喜怒哀乐。而幕后那许许多多操影、唱影、演奏的人，为之倾心、奔走、助力的人，他们的坚守和执着，才是凌源皮影生生不息的根由。

辽西朱碌科的"黄河阵"

寻迹辽宁的西部,有一个名为"建平"的县城,因其悠久的历史被历史学家誉为"中华文明的新曙光"。这里也曾诞生过被美、英、日、印等国学者称为"世界性发现"的"红山文化",在此出土的女神头像被誉为"东方维纳斯"。境内还存有战国时期的燕长城、金代古塔、辽代古城,物质文化的丰厚使建平县充满了古文化的深邃魅力。与之相呼应的是独具地方和民族特色的非物质文化遗产,剪纸、刺绣、独杆轿、撒灯等,它们经由代代相传,分散于县域内的各大乡镇村屯。作为特定民俗活动之一的辽西朱碌科"黄河阵"也以其热烈、广泛、传统的地方特色,于2021年入选第五批国家级非物质文化遗产代表性项目名录扩展项目名录。

历史悠久的朱碌科"黄河阵"

朱碌科镇位于建平腹地,大凌河支流蹦河左岸,"朱碌科"在蒙语中的意思是"心脏",这里曾经是辽西的政治、经济、文化中心。朱碌科"黄河阵"又称"跑黄河",九曲黄河阵是古代兵家布下的一种易守难攻的阵式,因其阵式像是九曲十八弯的黄河而得名。唐代"黄河阵"盛行于甘肃、陕西、山西等黄河沿岸地区。清中叶汉民大批出关,"黄河阵"随之落户于塞外。据《建平县志》记载:"上元张灯设放花炬，村庄多制黄河九曲灯，男女竟夜游绕，曰'跑百病'。"清嘉庆年间，朱碌科举人蔺玺臣将"黄河阵"由关内引入当地，传承至今已逾200年。

悠久的跑黄河历史在当地传承人那里得以验证，据朱碌科镇黄河会第四代传人张文忠讲，他的爷爷说朱碌科镇弥陀寺是一古刹，建于何时不可考。于清乾隆三十七年（1772）重建，寺内供奉"三霄娘子"。清初实行"柳条边"政策，致使东北人烟稀少、土地荒芜、边关空虚，改变这一现状的唯一办法就是增加人口。约至嘉庆年间"柳条边"政策解禁，朱碌科镇举人蔺玺臣由关内将祈盼人丁兴旺的黄河会引入当地，每年正月十四到弥陀寺请"三霄娘子"入阵祈福。当时的黄河会是三十二方城，场面宏大。方圆百里的百姓都来"跑黄河"，以求人丁兴旺、诸事顺畅。

朱碌科黄河会请"三霄娘子"的习俗，可与神话小说《封神演义》进行对比想象。《封神演义》讲述商纣无道，姜子牙受西伯侯姬昌邀请伐纣，直把商纣兵马打得节节败退。商朝太师闻仲情急请来好友赵光明率兵抵御，赵光明不幸丧生。其妹云霄、琼霄、碧霄，为报杀兄之仇，在西岐摆下九曲连环、复杂多变、虚虚实实的黄河阵，执"混元金斗"与"金蛟剪"与众仙斗法，最后阵破人亡。姜子牙封神时，封三霄娘子执掌"混元金斗"。"混元金斗"乃人间净桶，凡人之生育，俱从此化生；"金蛟剪"即婴儿出生时剪脐带之剪刀，三霄娘子即生育之神。除了与《封神演义》对应，九曲黄河阵还有一种解释，就是最早起源于祭祀道家鼻祖老子，九曲实质上就是道家阴阳太极图的变形，老子设"九曲阵"，道徒以灯设九曲祭祖，后逐渐演变成节日观灯习俗。

手工打造"中国式迷宫"

朱碌科"黄河阵"期间是辽西人民一年一度的春节狂欢季,历时不长,但筹备较早,每年正月初八开始筹备,正月十三这天按阵谱打点,需将36.5米(象征一年365天,日子节节高)的铁杆在阵中心用支架竖起。铁杆顶端安放一个木制斗,即镇阵之宝"混元金斗",里面插上松枝,放玉米、谷子等杂粮。斗外用红纸裱糊,四面写有"五谷丰登"4个大字。木斗下面的铁杆顶端焊有四空环,用系着各色彩旗和彩灯的长绳索等距固定八个方向,形成了一个尖状的房形外廓。

阵门面向弥陀寺寺门,面北而立。"黄河阵"由秫秸把子组成,以铁杆为中心,间距1.5米,按图纸打点,每点上立一个秫秸把子。每个秫秸把子直径约10厘米,高度1.5米。秫秸把子需沾水,使干燥的秫秸把子不易折断。在点上挖坑,把秫秸把子埋在土里,再浇上水。这样秫秸把子就冻在土里。用单棵秫秸将相邻的两个直立把子上端相连,再将接触地面的两端相连,最后用斜十字将两个秫秸把子牢牢地连成一体。以此类推,按图纸组成小城,再组成大城,城城相连。秫秸把子上端削齐,安放彩灯和彩旗,每隔一个彩旗放一个彩灯。在铁杆底下围成一个大方城,称为"中军帐",也称"紫禁城",中间插有大狼牙旗。这样就形成一个以铁杆为中心,左右上下对称的蜗状阵。

朱碌科"黄河阵"由九曲黄河阵演变而来,有三十二方城、二十四方城、十六方城、十二方城之说,视场地大小而为之。现今的朱碌科"黄河阵"为十六方城。从右门入阵,左门出阵顺序依次为:

按《黄河阵图》打点

西北、西南、东南、东北、正东、正南、正西、正北、阵中心，其中阵中心设有祭台。其阵形在九曲黄河阵的基础上加以扩展，按周易九宫八卦之方位，以传统图案"富贵不断头"连接而成。出阵只能从中宫才能出来，其阵迂回曲折、扑朔迷离，被誉为"中国式迷宫"。

以跑黄河奏响春季序曲

每年开展"黄河阵"活动时，方圆百里的老百姓从四面八方会集到下营子村跑黄河。正月十四下午到弥陀寺请三霄娘子入阵，晚上鼓乐响起，开始转灯、扭秧歌。正月十五晚上活动达到高峰，跑黄河、撒灯、扭秧歌。现场人潮如织、月高灯明、鼓乐齐鸣。阵中烟雾弥漫，阵排天地，势摆黄河；阵外数帮秧歌围阵而舞，礼花腾空绽放，景象非常壮观。正月十七上午送三霄娘子，黄河会到此圆满结束。

如此热闹、狂野的黄河会，挖掘其背后的文化意义，可追溯至春播的祭祀大典。曾经春节指的是"立春"，意思是春天的开始。传统意义的春节从正月初一开始，到十五结束，预示新一轮播种和收获季节即将开始。古人认为野合会促进农事的播种和丰收。春秋时"社稷"的"野合"是一种重要的仪式。关于野合作为一种古代礼俗的最早文字记载，见于《周礼·地官·媒氏》："仲春之月，令会男女。于是时也，奔者不禁。若无故而不用令者，罚之。司男女之无夫家者而会之。""会"，即合也。《后汉书·乌桓鲜卑列传》记："以季春月大会于饶乐水上，饮宴毕，然后配合。"此言"配合"即野合。野合之风流传甚久，但随着儒家文化特别是宋朝朱熹理学的盛

撒灯秧歌队伍至"黄河阵"拜阵

行，野合之风渐行渐远，变得更加隐晦，替代以其他形式出现，譬如舞蹈。秧歌就是其中的一个舞蹈形式。

祭祀时，饮宴毕，踏舞而歌，后野合，以祈五谷丰登。根据"黄河阵"供奉三霄娘子，在"混元金斗"上书"风调雨顺"，以及秧歌绕阵踏舞而歌等习俗来看，"黄河阵"假托三霄娘子摆"黄河阵"与诸仙斗法的神话故事，实乃生殖崇拜寓意之拓展——对土地丰收的祝祷，祭祀生育神、农神的巫傩文化遗存，即来源于古代的春播祭祀活动。"黄河阵"中"混元金斗"上所书的"五谷丰登"几个大字，也更加证明朱碌科"黄河阵"不是古代军事阵法的演变，而是春播前的祭祀大典。而秧歌的舞蹈动作中扭胯的挑逗动作，则是野合的演变。随着时代的发展、文明的进步，秧歌舞蹈替代了祭祀中野合的部分，但是其祈祷土地肥沃、五谷丰登的寓意仍在。如果举办"黄河阵"活动的3天风和日丽，那么意味着未来的一年风调雨顺、五谷丰登。为讨一年的顺畅吉祥，人们都会在祭坛前布施一定数目的钱财。

新中国成立初期，建平县还有20多个村子在春节期间举办"黄河阵"，"跑黄河"是当时百姓春节娱乐活动中必不可少的项目。后来很多村落的"黄河阵"活动停止，但朱碌科的"黄河阵"200余年来从未间断，希望"黄河阵"可以永久承载一方百姓的幸福期盼，民众的幸福遐想都可以得偿所愿。

辽西朝阳闹社火

　　春节，其辞旧迎新、团圆平安的美好寓意，安定和谐、欢乐祥和的喜庆氛围已渗透进每一个华夏儿女的心中，而这份情结渗透在朝阳地区，则表现得更为强劲和富有激情。数十万朝阳居民于春节期间不由自主地走出家门，踩起高跷、甩起手绢，以忘情的扭动和欢乐的笑脸欢度春节，一股热爱传统节日、参与传统节日的浓厚氛围已全然包裹了朝阳的每一寸土地，融进了每一个朝阳人的节日狂欢中。2008年，朝阳社火入选第一批国家级非物质文化遗产扩展项目名录。

溯历史：包容性强的特色地域文化

　　社火活动在朝阳有着悠久的历史和广泛的群众基础，朝阳县南双庙镇三官营子村槐树洞山上的石塔塔基上，可以看到9组民间歌舞的石雕，生动地再现了元代朝阳地区民间歌舞的情况，从一个侧面说明了民间舞蹈活动（秧歌）具有任何力量都阻止不了的顽强生命力，并且在不断地发展着、传承着。

　　朝阳社火，被当地人称为"朝阳大秧歌"，最早见于著述的是1930年《朝阳县志》卷二十五《风土篇》："元宵时约集村众……或扮饰青年子弟数十人，为男女老幼之形演唱通俗吉利歌曲，相符路灯而行……对扮饰一人戴白顶或红顶软帽，着青褂系红战裙，身挎腰刀，手持蝇甩，摇摆前导者，谓之达子官。……又一人白顶软帽，貂尾双垂，补服长袍坐独竿轿上，相拥于后，谓之灯政司……"在这段描写中，朝阳早年的秧歌与山东、河北、河南、山西一带的秧歌活动是十分相似的。地秧歌中的鼓、伞、棒、花是河北一带秧歌的再现，彩绸、手绢、扇子则是山东的海阳秧歌的常见形式，而腰鼓、挎鼓是对河南、河北一带威风锣鼓等秧歌形式的变化运用。

由此可见，朝阳的秧歌与河北、河南、山东的秧歌有着千丝万缕的亲缘关系。朝阳独特的地理位置、稳定而不封闭的文化环境，吸引了不同经济类型、不同文化传统的古文化在这里汇集，使朝阳地区历史文化呈现出连续性强、内涵丰富、具有典型性而又多样化等诸多特点。正因如此，也使得朝阳大秧歌具有特殊的文化内涵，在与朝阳原有的民族文化艺术活动相互交流、相互观摩过程中逐渐融合，从而形成朝阳一带具有自己特点的文化艺术活动。在此基础上，发展成了具有朝阳地域特色的秧歌。

看特色：内容丰富的传统艺术形式

朝阳社火以大、小凌河流域为区分，呈现出不同的地域特色。大凌河流域多以高跷秧歌为主，角色设置规范，表演形式统一，强调风格上的硬朗粗犷和舞姿的舒展、力量感，特殊的表演形式有"跑驴旱船和老汉推车"等；小凌河流域多是地秧歌，以扭、逗见长，注重表演的细腻传神，有"八锣八鼓女耍公"等特殊表演形式。在所有20多种表演形式当中，流传于台子乡的"九女船""背阁"、木头城镇的"寸跷"、联合乡的"跑黄河"、西五家子乡的"夜八出"

热闹的社火活动现场

等较为成熟活跃，多数已有百年以上的历史。

"九女船"流行于台子乡三岔口村一带，根据王母娘娘和其八个女儿的传说创作而成。六米长的船身共有九个座位，分成三列，"王母娘娘"头戴凤冠，身着女蟒，手执云帚或如意。八个仙女由七至十二岁的女孩儿扮演，着宫衣，戴云肩，手提花篮或执团扇，九人皆为"九女船"的上角。船两侧共有三十二个下角负责抬船，他们头扎白毛巾，身穿喜鹊衣和红彩裤，表演时浩浩荡荡、规模宏大。

活跃于木头城镇的"寸跷"表演分为"踩街"与"打场"两种。表演者脚踩寸跷，身着彩衣，打场时每到一处要进行跑大场，队形主要有"四面斗""八面风""卷白菜心""五股穿心"等。完场还要站立成两排进行对唱，曲牌有《柳春娘》《满堂红》《鹧鸪》等。

"跑黄河"也叫"黄河阵"，由朝阳县北四家子乡谢杖子村秧歌队根据《封神演义》中三霄娘子大摆"黄河阵"为兄长赵公明报仇的故事创作而来，由当地老艺人李志艺提出创意，谢海廷、赵希武等共同参与创作。"跑黄河"按城数多少来衡量规模，最小为九连城，还有十二、十六、二十四连城。当地人用秫秸把子捆绑成留有入口、出口的城阵，入口有门楼牌坊，城内竖彩旗和面灯。农历正月十四傍晚，由会首下令点灯，打开"黄河阵"的大门，引领秧歌队踩城，待秧歌队出场后，以男先女后的顺序开始"跑黄河"。

"夜八出"，主要流行于西五家子乡一带，以演员戴面具在夜间表演八出戏而得名。表演内容以神话故事、传说为主，主要角色有天兵天将、寿星、白鹤、和合二仙等。动作套路和程式要求严格，人物角色的个性突出，多以唢呐、胡琴、笛子伴奏，曲牌有《枪头曲》《句句双》等。

朝阳社火，特别是以"九女船""跑黄河""夜八出""背阁""跑驴"等为代表的艺术形式，被辽宁省民间舞蹈家协会原主席可平赞为"活的民间舞蹈史"。而这种纯民间的表达，也在以民间的方式延续和传承着，朝阳社火大都以表演形式为单位，分布在各个乡镇，这样的分布特点和阵容规模促成了以老艺人带徒传艺为主的传承方式。通过节日里的集中展现，朝阳社火为民众营造了欢乐祥和的节日气氛，展示了广大群众祈盼风调雨顺、国泰民安的良好心态，通过"节日里的欢乐舞不停"，净化了心灵，陶冶了情操，也起到了强身健体、密切人际关系的现实作用。

在朝阳的大街小巷、山村街屯，从每个人到每个家庭，从每个村落到各个乡镇，正月里闹秧歌已经成为一种共识，打工的回到家里，扭一扭，卸掉一年的疲惫，拾起今年面对新生活的勇气；学生们回到家里，扭一扭，甩掉学习的苦恼，今年可以取得更好的成绩；农民朋友们出来扭一扭，忘记过去一年的心酸和艰辛，企盼今年有更好的生活……他们不计报酬、不计个人得失地参与到扭秧歌的活动中来，他们的无所顾忌、全情参与已经形成一种集体无意识。他们在不自觉地传承和保护着朝阳大秧歌，也在守护着在秧歌世界中自娱自乐的自己。

民族民间音乐的深沉长者

"唢呐出世以前，民间婚丧嫁娶奏乐所用乐器在典籍上很难找到答案，建平'十王会'的调查，为我们揭开了这个谜。在以唢呐为主奏乐器的鼓乐形成之前，我国北方用的是笙管为主奏乐器的'十番'。建平'十王会'为我们提供了线索，具有一定的史料价值。"这是沈阳音乐学院资深民族民间器乐研究者杨久盛在经过实地调查之后，于2007年得出的全新考证。多年来，建平十王会吸引了越来越多专业学者的关注，被誉为民间传统音乐的"活化石"。2008年，建平十王会以其"保留了传统十番乐的演奏形式及大量古代传承下来的乐器和乐谱，对于清代文化和音乐发展史的研究有着不可低估的意义"，入选第二批国家级非物质文化遗产名录。

传统十番乐的现代延续

十王会与十番的关联，可从史料中窥见一斑。"十番"的称谓形成于明代，当时又称"十样锦"，清代也称"十不闲"。明清以来十番乐广泛用于宫廷、民间和佛道教活动中。

十番起初只由吹管乐和打击乐构成，原本无南北之分。后传到南方，起初也保持着吹管乐与打击乐的基础构成，后由丝竹管弦加上打击乐器形成了"南十番"。在天津兴起的"北十番"，是清乾隆年间由苏州传过来的，虽然和北方音乐结合形成自己的特点，但从乐队构成、所奏曲目和其中诸多江南十番的痕迹看，远不是明代在北方兴起的以吹管乐为特色的十番，而是北传的"南十番"。

那么北方的传统十番传承发展得如何呢？对照史料记载和十王会的乐队构成，建平十王会这个偏居一隅的民间乐种与"北十番"有着深厚的渊源。建平十王会的音乐源于喀喇沁右翼王府雅乐，而喀喇沁右翼王府雅乐又源于唐、宋、元、明等历代朝廷传承下来的共同雅乐和清音十番乐，由此可见，建平十王会音乐与唐宋以来的"清乐"有着重要的内在关联。

《中国民族、民间音乐奇葩——建平十王会》从乐件编制、曲目记谱以及墓椁壁画实物佐证等多个方面予以考证，指出建平十王会的乐件和辽宋时期组建的清乐队伍乐件编制基本一致；建平十王会的笙、管、笛、箫、鼓等主要乐件，与在内蒙古自治区赤峰市翁牛特旗解放营子出土的辽代木椁墓壁画所展示的十王会里主要乐件完全一致，足以证明其真实性和可信性。硬件配置是基础，最为重要的是，建平十王会保留了古代的演奏形式、演奏风格和演奏技巧。

活跃于建平的"北十番"

建平十王会是一种使用管子、笙、笛、云锣、手鼓、堂鼓、小钹、大钹、大铙、碰（撞钟）、板等乐件进行表演的笙管乐。据艺人口述，十王会是20世纪二三十年代在本地流传开来，三家蒙古族乡是喀喇沁王陵所在地，始建于清康熙年间，喀喇沁历代扎萨克及亲属多葬于此。数百年来，王府后代经常来这里进行丧葬祭祀活动，每次都有由数十名喇嘛组成的乐队参加，给当地人留下深刻的印象。

建平十王会演奏所用的云锣

于是，当地大户杨福永组织一批青少年，购置乐器，请来王府喇嘛做教习，此后当地民间便有了十王会活动。

建平十王会传承人杨国泽、李绍俊听老艺人讲，1930年秋，喀喇沁第十四代王贡桑诺尔布的一个妾室去世之后下葬于王子坟，当时有3组十王会乐队、乐手60多人为其演奏，杨福永组建的南四家子村十王会乐队就在此列。

建平十王会，又被称为"十番""双会""经会"，寻访老艺人们，这么多称谓何为正宗？老艺人们说，称为十王会，是因为乐班经常为丧事演奏，由于过去办丧事经常挂有十殿阎君的"竹子"（一种挂图），所以叫"十王会"；至于"双会"的称呼，则更多是一种口误，若把"十王"两个字快读，就变成了"双"；被称为"经会"，则是由于乐队在过去经常去喇嘛庙做佛事，加上本身就是王府喇嘛传下来的吹奏，所以也经常被叫作"经会"。但十王会并不用于寺庙之中，不是宗教音乐，而主要用于民俗活动中。

百余首曲牌音乐功能突出

经过百年风雨传承至今的建平十王会，保留了100多首工尺谱曲牌，若从专业的音乐结构分析，有的曲牌音乐结构简单、主题单一，有的则复杂多变、主题鲜明宏伟、曲式连贯有序。

若从民俗需要区分，建平十王会的曲牌可适用于四种民俗需要：一是红事，包括喜事、寿筵、庆功、庆典、节庆等场合，多用《得胜令》《将军令》《打新春》《镉大缸》等曲牌，表现火爆、欢乐、喜庆的场面，体现欢快向上的情绪；二是白事，主要是丧葬、祭奠等表示对死者的追悼、敬意等仪式场合，常用《善赶金桥》《往生咒》

建平十王会乐班吹奏《四柱》《送京娘》

《四柱》等曲牌表现低沉、悲伤、柔肠百转的怀念情绪；三是祭礼，多适用于寺庙中的求神拜佛、民众还愿、为亡者超度灵魂以及祭祀山神等场合，选用《佛韵》《佛上殿》《水龙吟》《天过先》《许太平》等曲牌，表现出深沉、玄妙、若即若离的虚幻世界；第四种则是适用于宫廷欣赏、筵席场合的曲牌，此类曲牌以叙事、抒情为主，多是源于民间没有经过修改加工的原汁原味的小调民歌，或是从历史中传过来的宫廷音乐等，既能走向民间又能登上大雅之堂，代表曲牌如《梅花三落》《孟姜女》《柳青娘》《老八板》等。

除了上述适用不同需要的支曲外，建平十王会还保留着具有地方特色的套曲，一个套曲就是一个完整的音乐故事，每个套曲都有开头、中间、结尾部分，形成了一个完整的音乐形象。如建平十王会的保留套曲《四季》，其中包括了《春来》《夏来》《秋来》《冬来》《四来尾》，通过音乐演奏、旋律起伏等来描述人们在一年四季里春种、夏锄、秋收、冬藏、欢欢喜喜过大年等活动场景，用生动形象的音乐语言表达人们在良好的社会环境中发生的生产、生活故事。套曲不但可应用于宫廷筵席、欣赏等场合，也可应用于喜庆场合。

如今的建平十王会进入国家级非遗保护序列，舞台也从建平扩展到辽宁省会沈阳，多次与分布在全省各地的民间鼓乐班同台竞技。相对于其他鼓吹乐的"花活儿""加花儿"等繁复技巧，沉稳的建平十王会像一位德高望重的老者，音乐结构简单、音韵深沉隽永、音色低沉浑厚。老艺人的表演队形也似古老的排钟，没有过多的肢体语言介入，听着建平十王会，似与古老的清音雅韵有了跨越历史的交集，这是独属于民间音乐"活化石"建平十王会的深沉与厚重。

太平鼓　舞太平

　　太平鼓是以太平鼓为道具的舞蹈，既是舞蹈着打鼓，又是打鼓的舞蹈，可以单人打，也可以多人打，民间艺人称之为"唱绳"，象征"太平安乐"。作为一种汉族民间舞蹈形式，太平鼓主要流行于北方各地，明清时最为盛行。安徽淮北地区叫"端贡鼓""喜鼓子"；甘肃、宁夏、陕西地区叫"羊皮鼓"，带有巫舞性质；北京名为"迎年鼓"，每到农历十月以后，城内各街巷，儿童三五成群，互击太平鼓，咚咚鼓声，随处可闻。在辽宁，也有这样一种民间舞蹈——辽西太平鼓，从辽河平原西侧到山海关前，从医巫闾山脚下到渤海之滨均有分布，可见民众基础之深厚。2021年，鼓舞（辽西太平鼓）入选第五批国家级非物质文化遗产代表性项目名录扩展项目名录。

溯源：600多年历史传承不息

　　辽西太平鼓流传至今已有六七百年的历史，最早可追溯至唐代。张祜诗《周员外席上观柘枝》"画鼓拖环锦臂攘，小娥双换舞衣裳。金丝蹙雾红衫薄，银蔓垂花紫带长。鸾影乍回头并举，凤声初歇翅齐张"说的就是太平鼓表演。宋词《蝶恋花·扇鼓》中的"桂影团团光正满。更似菱花，齐把匀娇面。非镜非蟾君细看，元来却是吴姬扇"说的也是太平鼓。明刘侗、于奕正合著的《帝京景物略》中记载："童子捶鼓，傍夕向晓，曰太平鼓。"到清代，太平鼓达到盛行。

辽西各县志、地方志均有类似的记载。《锦县志》卷十七《礼俗》中记载："正月闺人有为打鼓之戏者，其鼓屈铁为圆径尺余，蒙以驴革，下有柄缀铁环，击以篾条，名太平鼓。"《锦西县志》卷二《人事·礼俗》中记载："十一日为请紫姑日，小儿女以新勺或笠架扎装束如小女子形，击太平鼓绕行井堰粪际，回室秤之，如重即云紫姑来，则列供具香，两人扶拽之，有卜年景休咎者，以紫姑叩头多少定之。《异苑》载，寿阳乡人哀李景妾何媚之死，恒于正月招魂，即紫姑也。六朝时已有此风。"

鼓点：300多种鼓点归于生活日常

辽西太平鼓的鼓点十分丰富，民间流传有300余种，按其所表现的内容，大致可分为六类。

基本鼓点有"半拉点""单鼓点""原鼓点""双鼓点"等，这些是辽西太平鼓鼓点的基础，其他各种鼓点都是由基本鼓点发展变化而来的。

表现妇女劳动生活的鼓点，有"烙饼""捞干饭""摊煎饼""擀剂子""挑面条""切黄瓜菜""捡棉花""掰白菜""轰鸡""削甜秆""纺线""采猪毛菜""磕打芝麻""媳妇四月忙""媳妇十二月忙"等，以音响和击鼓部位的变化，配合以形象化的舞姿表现妇女的劳动生活。

表现日常生活现象的鼓点，有"拉大锯""弹棉花""捞鱼""卖

太平鼓

豆腐""卖花""新姑爷请安""新媳妇上头""老爷子赶集""老爷子请安""老太太轰鸡""老太太拐线""老太太喘气""会亲家""拨船"等一些妇女们日常接触的生活现象。

表现自然景物的鼓点，有"鸡鸹米""牛顶架""羊羔吃奶""兔子偎窝""老驴啃痒痒""燕子翻身""猫抓耗子""刮大风""上马碑""节节灯"等模拟自然现象和动物形象的鼓点。

表现民间传说和习俗的鼓点，如"猪八戒看媳妇""小上坟""耍龙灯""跑竹马""磕十不闲""斗狮子""耍老虎""耍花鼓"等表现传说的主要情节和一些习俗的主要形象的鼓点。

表现打鼓技巧的鼓点，有"弹鼓点""压鼓点""绕鼓点""浪鼓点""磕鼓沿""别鼓边""嗑巴点""嘟噜点"等，是单纯显示打鼓人手快、点快、技巧高超的鼓点。

辽西太平鼓的鼓点之所以如此丰富，是敲鼓方法多、敲击部位变化多形成的。一面鼓可敲击正面、反面、鼓的上沿、鼓的两侧、鼓环等各个部位，可以使用鞭敲、倒拿鼓鞭敲、用手掌按、用拳头叩和抖动鼓环等各种敲法，使之发出不同声响，表现各种形象，往往同一鼓点，只变换一个敲击部位或敲击方法，就能表现出另一个内容。虽是一个单面鼓，却拥有较大的表现力，这也是辽西太平鼓的一个特点。辽西太平鼓的敲击方法与鼓的用法共有22种，右手（执鼓鞭子）有打、抽、扣、按、片、挑、沿、卡、倒、撩、边；左手（执鼓手）有摇、颠、翻、卷、抖、压、弹、绕、扑、旋、扇。

动作：简单动作舞蹈化

辽西太平鼓属于妇女自娱性的舞蹈，它的基本动作、步法都比较简单易学，变化起来又是千姿百态、丰富多彩。但万变不离其宗，不出基本动作的范围，这一点恰恰符合我国京剧表演艺术家盖叫天先生总结的民族戏曲舞蹈语汇的发展规律："一生二，二生三，三生万物，万物归一。"

辽西太平鼓的动作大多是反映劳动生活的，但它对生活动作的提炼不是简单地再现劳动动作，也不是模拟劳动过程，而是抓住劳动生活的本质特征进行美化、节奏化、韵律化，也即舞蹈化，使用的是我们民族艺术写意、传神的手法。如"捡棉花"强调了"捡"，"烙饼"强调了"翻"，"捞干饭"夸张地表现"颠"，"刮大风"则着重在"转"，使人一眼便看出动作的含义，不只是单纯地模拟生活。

由于过去汉、满等民族妇女受服饰（长裙、短袄、木底鞋、长袍、厚底鞋）和体力的局限，封建道德观念也对女子仪容具有特定要求，辽西太平鼓无大蹦大跳动作，只着重"走"和"转"，并以"快"和"飘"来要求"走"和"转"。

"走"，如果说东北秧歌的基本功是"扭"，那么辽西太平鼓的基础就是"走"。艺人自始至终要在圆形路线上"走"，就必须脚步均匀，腰肢灵活，头、肩平稳，长裙、袍摆开。

"转"，在圆形路线上行进本身就是旋转。又因为是群众性自娱活动，从无专业艺人表演，就不可能创作出其他技巧。唯一的技巧就是"转"，如"滚元宵"要二人背对背转，"刮大风"要连转4圈，"小上坟"要边扇鼓边旋转，等等。旋转时长裙飘起，既有美感，又不失端庄稳重，更显得灵巧轻盈。

"快"，只有快才能显出打鼓人的技巧。因此要求手快、脚快、旋转快。劳动妇女在长期从事劳动过程中本身就具有手疾眼快的本事，她们在娱乐中也要显示自己这方面的才能。快，来自熟练，熟能生巧。

王成德在绥中镇东园子村农家传授打鼓技艺

"飘"，就是要求轻盈、流畅、舒展、自然。俗称"拜圆"了，"风摆柳"，"稳中浪"。在不停地走动旋转中要飘逸，面不改色，气不长出，方能具有美感。

群众曾把太平鼓动作的特点归纳成四句话：脚步均匀头稳平，左拜右拜腰眼灵，四面八方团团转， 翻、滚、扑、踢一溜风（翻，指翻身；滚，指"滚元宵"等转身动作；扑，指"扑蝴蝶"；踢，指"踢毽"）。

作为一种带有明显地域特色的民间舞蹈，辽西太平鼓还有着自己朗朗上口的歌谣："打锦州、过义州，八仙过海宁远州，宁远的牌楼瑞州的塔，连山的狮子一对俩。"从儿童游戏到成人集会，从农家之乐到衢市风行，由岁时礼俗到平时活动，辽西太平鼓真实地反映了当地的风土人情、时令礼仪和生产生活情景，人人都可以加入其中，他们既是表演者，又是欣赏者。人们通过手之舞之、足之蹈之的欢腾鼓舞，尽情表现和美化着自己的劳动生活，传达着对美好生活的无限赞美和骄傲。

白山黑水间的"讲古"之风

历史上，满族先民经多次南迁至辽宁浑河上游，定居于此。辽东满族民众在这块土地上已繁衍生息了近6个世纪。满族民间故事主要分布于辽东满族文化圈内，该文化圈是指被辽沈地区的满族民众称为"东山里"的长白山余脉广大区域。满族民间故事是一个广义的文化概念，包括辽东满族神话、传说、故事等散文体口头叙事。2008年，满族民间故事入选第二批国家级非物质文化遗产名录。

"老的不讲古，小的失了谱"

明嘉靖三十八年（1559），清太祖努尔哈赤出生于赫图阿拉（今辽宁省新宾满族自治县西永陵镇老城村）建州女真的贵族家庭，他曾在辽东总兵李成梁帐下受到军事锻炼，成为足智多谋、武艺超群的人才。努尔哈赤25岁时以祖、父的十三副遗甲起兵，攻打图伦城，从此开始了统一女真各部的事业。1616年，努尔哈赤在赫图阿拉称汗，国号大金（史称"后金"）。努尔哈赤病逝后，皇太极继位，天聪十年（1636）改国号为大清，改年号崇德。皇太极病逝后，其子福临继位，改年号顺治。1644年清兵在摄政王多尔衮的率领下，挥师中原，完成统一。从1438年满族先民女真人定居辽东，到1644年入主中原的200余年里，满族社会经历了由原始社会向奴隶社会转型的发展历程。世代生活在辽东地区的满族人民，正是在这一宏大的历史背景中，创造了自己族系辉煌的历史，也创造了丰富多彩、蔚为大观、独具特色的满族民间故事。

入主中原以前，满族几乎没有以文字形式记录本民族历史的习惯，当时人们记录历史的唯一方式，就是通过部落酋长或萨满来口传历史，教育子孙。"老的不讲古，小的失了谱"，满族谚语中的"讲古"就是指满族民间盛行的讲故事这一文化传统，以此追念祖先、教育后人，增强民族的凝聚力。因而，满族人讲故事，不是一种单纯的娱乐活动，而是一种进行民族文化、英雄主义教育的重要手段。

"讲古"沃土绽奇芳

满族民间故事根植于满族及其先民"讲古"的民俗沃土，以渔猎文明为底色的满族在农耕化和逐渐汉化之后，其满汉杂糅、丰富多样的故事内容展示了这一时期满族民众的历史境遇和文化心路，具体包括：

神话。辽东满族神话以建州女真始祖神话与文化起源神话为主，代表性作品有《库布里雍顺》《海伦格格补天》《三姓的来历》《罕王出世》《天鹅仙女》《萨满借鼓》《蚕姑姑的由来》等。由于与满族先民崛起的白山黑水渐行渐远，描述满族早期社会生活的神话故事在辽东并不太多，但从这些神话作品中，可以清晰看出辽东满族对其族群文化传统的继承。

传说。辽东满族民间传说可分为人物传说、史事传说和地方风物传说三个类别。在满族民间故事中，有关清太祖努尔哈赤的传说最多，构成了辽东满族故事中最具特色的一部分。这些传说生动地描述了清太祖努尔哈赤不平凡的一生，既有其十三副盔甲起兵的壮举，也有其平息女真内部激烈冲突的事迹；既表现金戈铁马的战争场面，也折射着明朝与后金的政治风雨。代表性作品有《悬龙传说》《小罕出世》《小罕学艺》《罕王脱险》《小罕打虎》《罕王求贤》《罕王封树》《义犬救主》《乌鸦救主》《筢篱姑娘救小罕》《罕王打虎》《老罕王的器量》等等。在这些传说中，辽东满族民众以真挚的感情以及本民族的文化审美塑造了这一时期努尔哈赤淳厚朴实、坚韧不拔、勇敢抗争和知恩重义的神勇形象，表达了满族民众对创业英雄的敬仰和赞美。风物、风俗传说类代表性作品有《萨尔浒地名的传说》《赫图阿拉城的来历》《大伙房的来历》《太子河的传说》《平顶山点将台的传说》《温泉寺的传说》《连枷的来历》《马兜铃的传说》《汤山寺的传说》，以及《索罗杆的来历》《旗人坐帐的由来》《满族成亲为啥挂铜镜》《糯米祭鸟习俗的由来》《烟的来历》《白肉血肠的由来》等。这些风物与风俗传说，记录了满族南迁辽东地区之后对族群面临的新的生存环境产生的认知，以及在新的生存环境中进行的文化创造。此中一些习俗传说已经带有与汉族文化融合后的印记。

幻想故事。幻想是人类的一种特殊的心理活动，是与现实生活愿望相结合，并不断指向未来的一种创造性想象。辽东满族的幻想故事突出表现了以下几个方面的内容。反映人与自然的关系，代表性作品有《不漏天俄木特烈》《安定石》《定风珠》《仙人树》《柳树讷讷》《桦树姑娘》《赶鱼郎》《哈桑的奇遇》等。反映阶级社会的关系，代表性作品有《熊狐精》《枣核儿子》《筢篱姑姑》《狐狸姑娘》《包海尼雅与梅花鹿姑娘》《黑熊精抢亲》《小鸡崽报仇》等，都表现了阶级社会的矛盾冲突与斗争主题。而《十兄弟》《石头儿子》等作品则以奇妙、夸张的手法赞颂了反抗者的形象。《炸干海》《龙女》《百衣鸟》等故事描写了贫穷的小伙巧得神妻的帮助，惩治破坏他们幸福生活的压迫者。《蝈蝈绿宝石》《枕头姑娘》等故事则从现实生活出发，以某种"超阶段"的幻想，表达民众的人生理想与追求。此外，一些幻想故事还反映出满族对动植物的崇拜，如《柳树讷讷》《乌鸦救主》《义犬救主》等，这些故事仍映射着满族民众古老的信仰。

生活故事。南迁辽沈地区的满族民众，大部分是屯垦戍边的满族八旗兵丁，他们的生计主要以农耕为主，同时手工业也有了较大的发展。在辽东满族的生活故事中可以看到，这些满族民众已经不再居穴而居屋舍，穿着不再以毛皮类为主而开始讲究礼节，故事中讲的是农耕的经验与际遇，故事中表现的生活习俗也发生了较大的变化。代表性作品有《黄土变成金》《养蚕姑娘》《棒槌姑娘》《蚕娘》《生死珠》《皇姑开矿》等。辽东满族故事大量描述了这一时期人民的生活状态，想象丰富而奇丽，洋溢着拼搏向上的乐观精神，展示了色彩斑斓的北方山区生活图景。

同源于白山黑水间不同的"讲古"特色

满族崛起于白山黑水，在其地有"引弓之民"之誉。南迁至辽东的满族先民及其后裔，其生计方式渐由渔猎转向农耕，流传于他们之间的民间故事，既与整个满族的历史发展和积淀下来的民族整体风貌一脉相承，又与目前仍生活在白山黑水的满族其他支系迥然有别，凸显了鲜明的区域、族群特色。

鲜明的区域特色，映射着居于辽东"生态区位"中的满族民众的生产与生活。在吉、黑两地满族民间，流传有大量的有关"满族天神创业神话""满族祖源神话""萨满女神神话"等反映满族起源及早期社会渔猎生活与部落间征战的故事。辽东满族

2019年中秋节，满族故事家黄振华在沈阳参加"非遗"展示展演活动，为广大听众讲述有关中秋节的故事

中秋 月满情正浓

辽宁省非物质文化遗产展示展演活动

中秋节的来历——

中秋节，又称月夕、仲秋节、八月节、追月节、拜月节、团圆节等。历史悠久，传承至今，古代帝王有春天祭日、秋天祭月的礼制。早在《周礼》一书中，已有"中秋"一词的记载。后来贵族和文人学士也效仿起来，在中秋时节，对着一轮明月，观赏祭拜，寄托情怀，这种习俗就这样传到民间，形成一个传统的活动，一直到了唐代，这种祭月的风俗更为人们重视，中秋节才成为固定的节日，盛行于全朝，至明清时，已与春节齐名，成为我国的主要传统节日之一。

故事多聚焦于努尔哈赤时代及其后世社会的生活场景，对于满族迁都北京后清朝历代帝王的传说与故事也多有反映。由于东北区域内各小生境之间的地理环境与资源条件不同，在整体上，白山黑水的满族故事以反映采集、打鱼、围猎生活的居多。而在辽宁地区，则以表现农耕、挖参、放蚕等生活的故事居多。曾以渔猎为主要生计方式的辽东满族，逐渐向农耕文化融入，在辽东满族的故事中，可以看到，迁居辽东的满族民众，跑马圈地、围猎造田，加紧向汉民族学习农耕技术，在与汉族杂居相处中，其经济与文化均有了较大的发展。南迁辽沈地区的满族民众不再穴居，而是仿效汉人盖起了宅舍，穿着也不再以毛皮类为主，而是春夏多以纨丝绵绸为衫裳，秋冬多以羔皮为裘。同时，满族民间社会也不同程度地接受了儒家文化的影响，开始注重人伦秩序、讲究礼节等等，如此都反映出满族社会文明的提升与演进。这些新的生活风尚以及人生追求在满族民间故事中多有反映，表现出满族民众的人生理想与追求。故事中大多借助精灵的力量，给勤劳、勇敢和善良的人带来漂亮的房舍、美丽的服饰，甚至一位仙妻，使其最终有了一个幸福安定的家庭。还有一些以农耕村落的生态环境为背景的故事，描述了辽东满族民众如何开荒屯垦，战胜灾魔，开展生产，寻求幸福的生活，曲折地反映了他们渴求提高生产力、征服自然、改善生存环境的心路历程。如"枣核儿子""蛤蟆儿子"等形象的塑造，便折射着满族民众在大自然的种种压力面前，希冀自身能够变得更加强大，以与各种自然力量抗衡的潜在意识与理想。

鲜明的族群特色，体现出满汉文化杂糅的整体风格。满族民间故事多生成于满族由渔猎向农耕过渡的社会转型时期，故事的传承与完善又多处于满族不断被"汉化"，及至形成满汉杂糅的群体文化特征这样一个特定的历史阶段。在故事的语言方面，满族民

满族故事家黄振华

间故事中满语和汉语杂糅使用的现象非常普遍，这是辽东地区满族与汉族文化融合在语言方面的体现。诸如"阿玛（爸爸）""讷讷（妈妈）""格格（姑娘）"等满语词汇，在故事中多有夹带，随处可见。民族的文化传统与习俗方面，比起白山黑水的满族民间故事，辽东满族故事对族群早期文化与传统习俗触及不多，呈现出淡化的状态。例如，同是关于太阳和月亮来历的神话故事，黑龙江地区满族讲述太阳和月亮是天神阿布卡恩都里的两个格格，每人手持"火焰托里"（托里：铜镜，满族神话传说中的神器，变幻无穷）；而辽东满族讲述的《太阳和月亮的来历》故事中，太阳和月亮则是一对亲兄妹，两人去西天拜佛祖，手提灯笼与镜子。从阿布卡恩都里到佛祖，从托里到灯笼、镜子，这种变异反映出辽东满族的民间故事已较多地受到了汉族文化的影响。在信仰心理方面，满族民间故事所表现的对柳树妈妈、笊篱姑姑等的信奉，可以看作是对满族族群原始信仰的承继。但与此同时，很多满族故事中也表现出汉族民间信仰的诸多特点，如《日子起来了》就反映了辽东满族民众对汉族"讨口彩"这一基于汉字谐音形成的语言灵力信仰的吸纳。

世代生活在"东山里"的满族民众，在传统社会时期，多以讲故事作为辛劳人生的娱乐。哪个山里人不能讲述几则反映山区生活与传闻的故事呢？这块具有"讲古"传统的文化热土，历经世代的累积，已经积淀了丰厚的故事蕴藏，并孕育和培养出一大批具有讲述天赋的民间故事家。直至目前，辽宁东部一些满族乡间村落中仍存在故事讲述活动，一些脍炙人口的满族故事，至今仍处于"活态"的传承之中，这既是社会的集体记忆，又是满族民众共同创造的文化财富，值得我们传承不息、讲述不止。

这里是

非遗

"山海有情 天辽地宁"
文体旅融合出版

『声』临其境

听有声书，
聆听辽宁古今文化

『视』觉盛宴

配套视频，
在线博览辽宁魅力

扫码云游

『图』说辽宁

高清摄影，
带你品鉴辽宁风情

辽宁

音频、视频等以图书内容为基础，有改动。